半生不熟問大人

貝絲‧伊凡斯

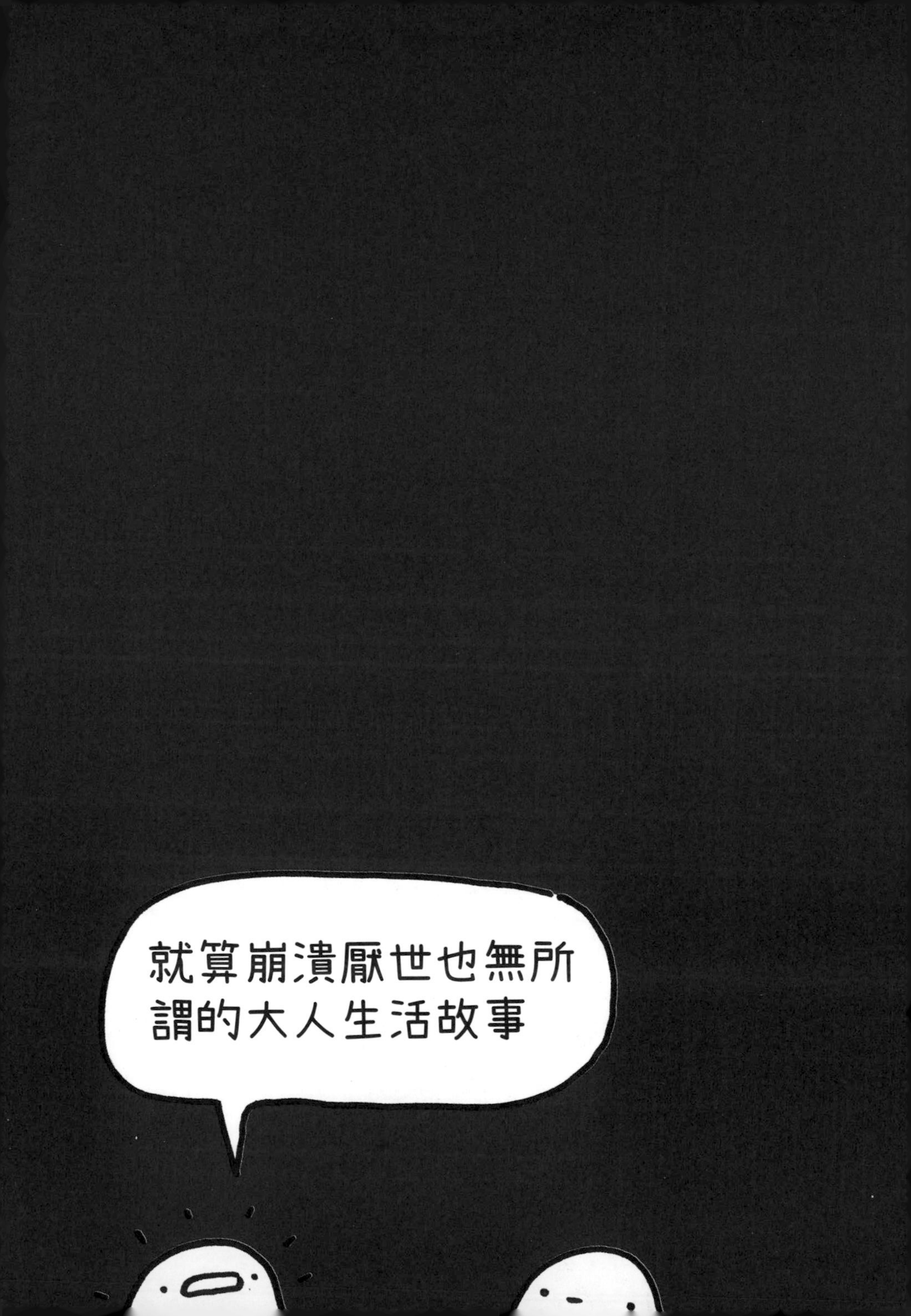
就算崩潰厭世也無所謂的大人生活故事

I REALLY DIDN'T THINK THIS THROUGH

by

BETH EVANS

SOMEHOW
AN
ADULT

致多年來閱讀我作品的每個人
謝謝你們改變了我的生活

目錄

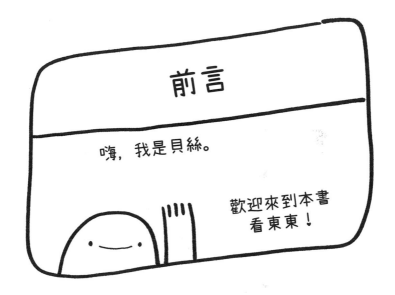

前言

嗨，我是貝絲。

歡迎來到本書
看東東！

大家好，

　　謝謝你拿起這本書。這麼做能確保你完全轉變你的
生命！……開玩笑的。老天爺，這樣說很討人厭。何況
我自己根本就是一團糟，真的沒有任何資格告訴別人該
怎麼做。

　　或許你會有點像我，覺得成年期令人精疲力竭，充

滿挑戰，總想在這個莫名其妙的世界上尋找自己的定位。從前你在學校認識的人都要結婚了，消息在網路上傳開；人人自命不凡，儼然是成功人士。真有趣！

或許你也覺得悲哀又焦慮，例如像憂鬱症沒有結束的一天，無緣無故就是覺得心情不好，有時只有電視了解我。沒關係的，我確實也曾如此過，其實你並不孤單。

關於你的問題，我可能沒有解答，也沒有什麼可以改變生命的祕訣，甚至我連自己在做什麼都不知道。雖然不太稱職，但我的確有一些成人期經驗，還有一堆囧囧故事可以分享，因為囧似乎就是我最擅長的。此外還有憂鬱和焦慮，我雖然已經正式成為一個成人了，但其實感覺起來並沒有。

基本上，我只是想說，你沒事，有時候僅僅沒事已經是很了不起的事了。

好嗎？

事情不會總是很美好，
但我在這裡。

我好多了。

我就是我。

1

　　有個很特別的鬼地方叫作「領英」，英文 LinkedIn。這個網站的存在是為了一個扭曲目的，就是讓你在上面找同學，然後像瘋子一樣和他們比較。在一個喪失自尊心的夜晚，你需要提醒自己其實根本沒什麼

歡迎大家一起來到

自尊心爛透
派對

最佳陣容：

- 自我厭惡！
- 不安全感？你來對地方了！
- 有鏡子讓你思考自己的存在價值。
- 你圈子裡可悲的單身狗！

耶！
精彩絕倫。

價值。

看看其他所有同學美妙的工作地點和了不起的職場關係，想起自己那些微不足道的成就。如果悲慘可以換現金，領英大概可從我這裡賺走幾千萬。

把自己拿去和別人比較，是生活中的一部分天性。只要有可能，我就愛比較。這不是因為我想變得比別人更好，而是我很沒有安全感。

事情不見得芝麻大，可能只是在派對上打量別人的衣著，確定自己沒有太差。或者真的蠻大條，從前在學校對你很惡劣的女孩爬到很高的職位上。當你覺得自己沒有像別人一樣好，簡直要虛脫，因為想要跳脫那種心態，你必須要感恩和認同所有曾經做過的事，可是其中有些你其實並不想要。

我浪費很多時間在網路上搜尋、窺看別人的履歷，他們的照片看起來多麼具有大人風範。醫學院學生、老師、法律所學生，這些人的成就真是非凡。還有，老天爺，有些人還結了婚有小孩。競爭心態又開始糾纏，我覺得自己根本比不上他們。

就算沒有網路瀏覽器讓你分心，想要看見你在生活

不安全感的每日課表

我的臉

我Email
信箱裡的
那些東西！

我身上
穿的衣服

我與人們
相遇的方式

網路上
一些東西

我的臉
（再一次）

「我拿太多
好人卡還是
不夠多?!?」

工作、
職場生活、
未來等等

……我的臉
（又一次）

搜尋過去認識的人之 暗黑漩渦

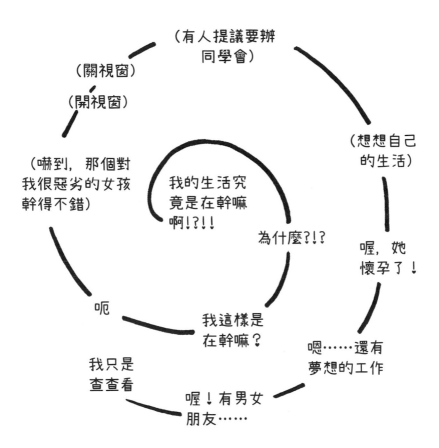

拿自己和別人比較
-競賽項目-

好討厭這樣，
不過我還是
停不下來
繼續這樣做

中所取得的進步還是很難。有時我真的只好告訴自己
「好吧，他們已經有了傑出閃耀的職業和一百萬個朋
友，但是，嘿，我今天沒有在外面哭」，諸如此類的話
語才能讓自己冷靜下來。每個人衡量進步的標準都是獨
特的。當你達成一件事，是否感覺良好，即使那只是一
件小事？嘿，那就是進步，很棒的進步！

我如何看待別人的進步

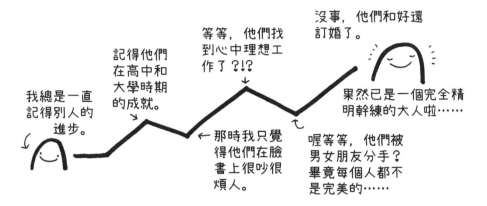

我總是一直記得別人的進步。

記得他們在高中和大學時期的成就。

等等，他們找到心中理想工作了？!？

← 那時我只覺得他們在臉書上很吵很煩人。

沒事，他們和好還訂婚了。

果然已是一個完全精明幹練的大人啦……

喔等等，他們被男女朋友分手？畢竟每個人都不是完美的……

我如何看待自己的進步

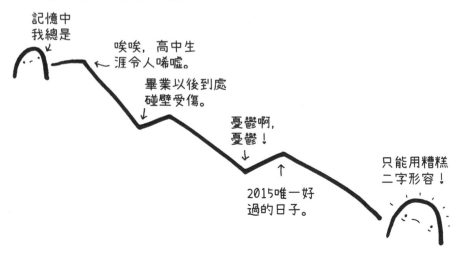

記憶中我總是

唉唉，高中生涯令人唏噓。

畢業以後到處碰壁受傷。

憂鬱啊，憂鬱！

2015唯一好過的日子。

只能用糟糕二字形容！

與 媽 媽 的 對 話

媽，我一直都在擔心，
尤其是晚上睡前
和早上起床時。

我滿腦子都是工作工作工作，
就像現在我整個思緒都被工作占滿，
一直在想接下來我要做什麼、怎樣做會更好，
根本停不下來。

我沒事嗎?!?
我生病了嗎?!?

我想這就叫
轉大人。

好吧，
幹。

　　世界上永遠都會有人做得比你好，也有人做得比你差。競爭是無限迴圈，根本不需要。有時認識很久的人會把互相競爭的事情放在臉書上。但好消息是，你可以創造自己對進步和成功的定義，或許是你去看醫生，或許是說服自己不再在網路上查看什麼。無論是哪一種，向前邁進一步是好事，向後退一步也不是世界末日，站在原地不前進也不後退更是棒，有時不退不轉就是進步。無論你媽媽的朋友說她的小孩如何如何，你心裡都明白，你就是你，這就是最大的成就。

最近最大的成就，就是追完一季電視劇。

2

　　有時我在想，我是否永遠沒辦法準備好要轉大人，就算我現在已經二十好幾了。起初變大人這件事好像閃閃發光的幻影：自由！做自己的選擇！變大人應該是一種有趣又令人振奮的經驗，但也有無聊的一面，令人失望。它世俗的一面包括稅金、帳單、打掃，最糟糕的

是，無論什麼狀況都要一直打各種電話。

打電話給醫生更是糟中之糟。和別人在電話裡說話已經夠糟了，你看不見他們的反應，卻必須和他們談論醫療個資！一件事怎麼會有激發如此諸多災難的可能性？

有一次我必須打電話給醫生，因為私人問題掛號。我的問題是，我是一個自行車手，騎自行車讓我胯部受傷。

「你好？」電話另一端的聲音說。我很緊張。（你好，私人問題，溝通有障礙！）我只說，「嗨，呃，我想預約掛號。我是一個自行車手，騎車導致我的胯部很痛，我不知道這樣正常嗎？無論如何，我可以掛號看醫生嗎？」

安靜。

「你打錯號碼了，這裡不是診所。」

變成大人不會自動讓你突然變得能與其他大人溝通無礙，特別是當你剛變成大人的時候。事實上，我們很多人真的都做不好，

你像大人一樣洗衣服了！

如何像大人一樣
洗衣服

全部放入
洗衣籃

倒入洗衣機

放入乾衣機

全部掃入洗衣籃
你像大人一樣洗衣服了！

再見了手機，你該走了。

我是你的手機。

又名等待災
難產生器！

大人的電話
通話內容

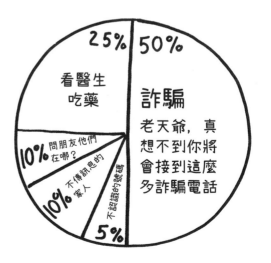

25%

看醫生
吃藥

50%

詐騙

老天爺，真
想不到你將
會接到這麼
多詐騙電話

10% 問朋友他們
在哪？

10% 不傳訊息的
家人

不說話的號碼

5%

　　因為根本沒有官方許可訓練指南或研討會，透過練習和嘗試錯誤，學習怎麼樣變成大人。是的，這很尷尬。是的，你會溝通不良，但你並不孤單。我們都曾做過或說過懊悔一生的錯誤，希望能挖一個地洞鑽進去。

　　有一次我大徹大悟，完全深刻體驗到我的「成年人」身分。新年前夕，同學都從大學回家，我們到朋友布蘭妮家過夜，再度見到她的家人真是太棒了。

　　時光飛逝，不知不覺中，午夜降臨，大家在歡呼聲中來到新年。之後，一行人帶著睡意到布蘭妮家的地下室，紛紛睡倒在沙發上。

　　早晨來臨，我們還因昨夜狂歡睡眼惺忪，我已經清醒，只是還盯著天花板，不想第一個起床，以免因手腳不協調被取笑。然後克莉絲翻了個身，大叫：「**哦，不！**」

　　大家都驚起，看著她。

　　「**地上！看地板！**」

　　地板上有一隻我們看過最長、最黑、最恐怖的蜈蚣。蜈蚣沿著地毯亂竄，飛快地看不清牠的腳。

　　「我們該怎麼辦？」

參見案件關係人……

貝絲
我

艾莉
高中以來的
摯友，犯案
伙伴

布蘭妮
爛電影好同
伴，一起追
逐流行文化

克莉絲
動畫狂熱者，
幽默感怪異

「太大隻，打不死！」

我們四個人都嚇得不敢動。布蘭妮從沙發上跳下去。

「**爸！**」她扯開喉嚨大喊。「**有一隻超大蜈蚣在地下室！**」

一下子悄然無聲，然後傳來框啷框啷的噪音。

等到滾到樓梯底部，我們才看清那是個殺蟲劑罐子。布蘭妮的父親在樓梯上喊：「妳已經夠大了，該自己解決！」

當下我們立時成為四個成年人，不知該如何殺死一隻超級大蜈蚣的四個成年人。所以我們一起擠在一張沙

蟲蟲剋星

兩敗俱傷之恐怖平衡

好大好可怕報稅單

姓名　　　　　　鄉鎮　　　　縣市

地址　　　　　　國家

轉大人之前的夢想

繼續！

再來！

看起來再正式不過了！

個人狀態

- [ ] 已婚
- [ ] 單身
- [ ] 還不太確定
- [ ] 我好孤單

- [ ] 遊戲人間
- [ ] 和心目中的名流結婚
- [ ] 愛已逝
- [ ] 蒐集經驗，越多越好！

- [ ] 這裡要打勾
- [ ] 還有這裡
- [ ] ……讀過A4請打勾
- [ ] ……一堆廢話

扣除額

列報撫養親屬，例如子女

夢想的名流婚姻，想像生下的子女，列表如下

這麼多關於子女的問題，你連自己都快要照顧不來了，是否覺得很想吐？

- [ ] 是

- [ ] 非常是

收入

1　準備好，複雜的要開始囉。
　　1A　認真嚴肅

2　呃……我知道我有賺錢和做一些有的沒的。

3　表格不認識我，老天爺懲罰我。

4　我需要真正的大人來幫我。

刷卡

（正常會）發生什麼事

請刷卡	授權中……	授權成功！謝謝！

感覺像是

請刷卡	這是現金卡，帳戶裡面存的錢夠嗎？	真的夠嗎，請想想這週你買過的那些東西。
如果授權失敗，你就得和收銀員好好解釋，是否好有趣啊？	授權中……	授權成功！（這次，管他的）

發後面，盯著大蜈蚣。我們自知無法擺脫大蜈蚣，所以決定井水不犯河水。成人世界有時候真的是太可怕了，你只能盡自己最大的努力。

有些事隨著時間會變好，例如上銀行、平衡預算、除蟲、打電話求救，都需要重複多次練習和嘗試錯誤。

像我刷卡不知有多少次不過被拒，只因超出預算或記不清楚銀行帳目。

錯誤是轉大人的一部分，儘管在我們眼中總認為大人做事都是駕輕就熟，沒有半分失誤，實際上卻是這樣：是人都會犯錯，不過大人犯錯是為了學習日後避免犯下同樣的錯誤。

想要像一個成熟的大人，意思是說要檢查自己的銀行帳目，或學到向陌生人說你的跨下問題之前，先聽完全部的電話語音訊息。我們都犯過同樣的錯，沒關係的。

你沒問題。你做得到。

不要買東西！
負起責任，
把錢省下來！

可是在
大拍賣。

我們要買！

價錢真好！

我們絕對要買！

我覺得，想要搞清楚朋友交往好難。和別人約會更難。就好像，很好，我要辦到所有你對朋友的期望，還要你做我一生浪漫愛情的中心點？你知道那樣會耗費我

多少時間嗎？

　　暫時迷戀歌星明星可以紓解情緒，但也會導致孤獨。

明星歌星之迷戀迴圈

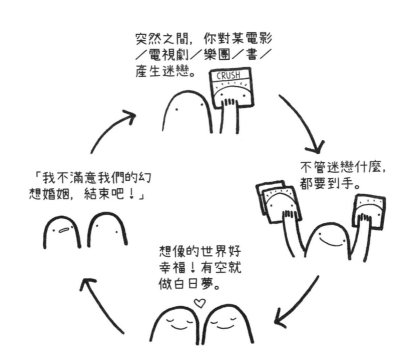

突然之間，你對某電影／電視劇／樂團／書／產生迷戀。

不管迷戀什麼，都要到手。

想像的世界好幸福！有空就做白日夢。

「我不滿意我們的幻想婚姻，結束吧！」

人類之迷戀迴圈

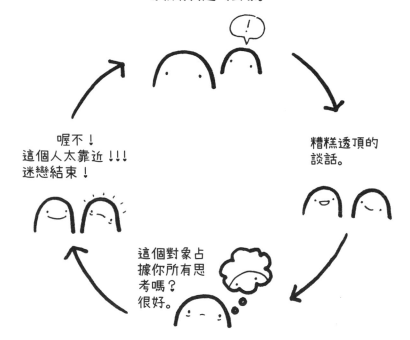

尋找有興趣的對象。

糟糕透頂的
談話。

這個對象占
據你所有思
考嗎？
很好。

喔不！
這個人太靠近！！！
迷戀結束！

那麼，當然，約會有超級愉快的階段，不過那時你不知道你算是什麼。

更別提想要到達那階段有多麼困難，因為男女第一印象往往都是大災難。

這算是約會嗎？

有時你很難知道，究竟真的是約會還是朋友聚會。這份指南能幫助你釐清真相！

有時間要出來聚聚嗎？

判決：？？？？

和你在一起
真開心！

判決：天知道。

我來買單。

判決：有可能喔？

我完全沒有設計你們，純粹是因為我覺得你們兩個會很有話聊！

判決：絕對肯定，
是約會沒錯。

　　幾年前，我赴了一個約會，正可作為早期剛開始笨拙約會的範例，簡直是陷阱一樁。透過朋友的朋友介紹，我和對方交換了電話號碼，答應一起出去。當夜幕降臨，我們在一間不太正式的餐廳裡見面，但我太緊張吃不下任何東西。我不太清楚該說些什麼；即使是不在約會的前提下，一對一交談，壓力也夠瞧的。不過根據結果來看，其實根本不用擔心，這場約會「可說的」有夠多。

　　對方非常自以為是，什麼都有意見。我們兩個說話總是搭不上，一個說「白天」，另一個就說「晚上」……事實上，他一直喋喋不休，我根本沒有插話的餘地。我不知道有什麼不失禮的好方法可以結束這一晚，我非常尷尬地坐在那裡，無論他說什麼，我都以含糊不清的聲音回應，態度相當糟糕透頂。最後一切看來圓滿結束，我很快就能回到稱為家園的神奇國度。然後，就在我離自由只有幾步之遙處，他說了一句話，讓我的世界崩潰了：

　　「嘿，我可以搭便車嗎？」

　　我要正式宣告，你不欠任何人，即使和任何人約

會，都不必你來接送。但我年輕沒經驗，吃了一驚說：「當然。」在我看來，這是走出餐廳，離家門更近的一步。我們走去取車，開車，兩個人沒說什麼話，然後他建議我放一些音樂。所以，我殘存的一點夜晚好時光，只好用來聽他對音樂的看法。他告訴我，音樂的巔峰之作是「龐克」，其他都不該聽（若不是龐克）。我毫不猶豫地告訴他，把他門邊的CD拿出來，送入CD音響。

音響開始流瀉出加拿大匆促樂團（Rush）的歌曲〈Tom Sawyer〉（湯姆歷險記），他隨即陷入前衛搖滾的地獄，一直到他家才解脫。我利用1981年匆促樂團的復刻專輯《Moving Pictures》作為懲罰手段，因為我知道

他會覺得太不上道。這段車程讓我們兩個都難以忍受：我，因為和一個顯然不合拍的人距離過於親近；他，臉上的表情說明了一切。這趟車程好像突然延長十倍。當他下車時，我如釋重負，彷彿終於可以看見隧道盡頭的燈光。沒想到接著他轉向我說：「嘿，想進來嗎？」

天啊，前衛搖滾防護罩沒有用。他還是有興趣。情況緊急，需要速戰速決。我把音樂轉到最大音量，放出第二首〈Red Barchetta〉（紅色超跑），然後大喊，**「你說什麼？我聽不見！」**再加上瘋狂的手勢彰顯。**「我不知道你在說什麼，我得走了，再見！」**我急忙揮手，此時我的尖叫聲和蓋迪・李（Geddy Lee）簡直配合得天衣無縫。我笨拙地俯身向前，竭盡全力，快速關上車門。

他站在車道上不知所措。我迅速倒車，沒有回頭看，伴著〈YYZ〉雷鳴般的前奏曲回家。

即使沒有第一印象良好的壓力，還可能要用前衛搖滾樂折磨你的約會對象，愛情仍然很難。但更重要的是知道自己值得愛人和被愛，並接受自己各種不同的面向。就好像是鑽石，在所有縱橫交錯的面和閃耀光芒

下，組合成一個偉大的整體。愛情便是將這些碎片拼湊起來，形成一個整體。最困難的事情就是你能否看見自己的價值。

現在大家到處都在愛自己，愛自己是一種正向行動，幫助人們接受自己。但對很多人來說，這往往是一種挑戰。像我就經常這樣想，我這個徹底的廢材只配丟進垃圾桶裡，要如何能夠不僅愛自己，還要愛別人？這是一場艱鉅的挑戰，對於自尊心低的人尤其困難。

對我而言，自愛往往是在我這種廢材身上撿一塊我自己很喜歡的垃圾，不過從來不會是像「今天我很漂亮，真希望每個人都能看到我有多漂亮！」這種大事，

自　愛
好　難

呃……這傢伙嗎？

喔，
老面孔。

而是一個無關緊要的小節，像是「我買了一瓶好看的指甲油」，或「我對音樂具有獨到的品味，不過和我約會的人都無法領悟」。我們喜歡自己的這些小事，經常會一個接著一個連結在一起，組合形成一個良好的整體。有時候我們沒辦法愛自己，好比一場最艱鉅的挑戰。畢竟是我們允許自己被別人打敗，所以會生氣沮喪，因此這種感覺有時候是很自然的。我們每天和自己相處24小

時，全年無休，想想要花這麼多時間和自己相處真是驚人。

對待自己和他人，都要態度好、和氣、寬容。指甲擦得漂漂亮亮，聽喜歡的音樂，好運自然來。不過來的也不見得都是好運。

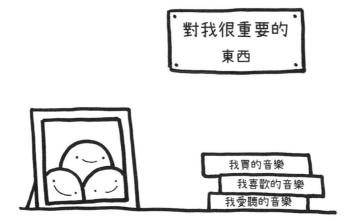

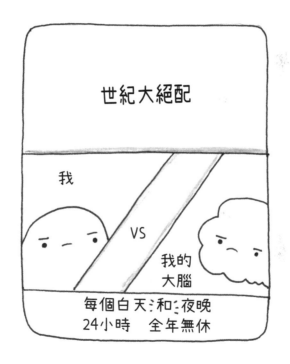

我們的大腦不見得總是最可靠的盟友，不過大腦總是決定著我們的日常生活。

　　大腦會帶給我們巨大的壓力；有時想要過完一天，感覺就像是一場無止盡的戰鬥，只是為了度過一天。所以，我覺得我的大腦討厭我。

　　如此重要的器官似乎和你有血海深仇，這樣想有點奇怪，不過我確實這樣相信。我身體的其他部位都不會像大腦這樣一直給我製造麻煩，同時又讓我覺得自己是地球上最沒有價值的人。

　　如果你不太清楚焦慮的攻擊是什麼，那有點像還來不及尖叫就被推下山崖。當你的身體還在決定該怎麼做的時候，大腦便悄悄進駐，所有的邏輯都被拋在一旁。更難的是，有時竟然發生在公共場合。然後，你除了要弄清楚怎樣照顧自己，還必須盡量不要嚇到身邊的人。

　　舉個例子，有一次我和幾個朋友去看狄倫・莫蘭（Dylan Moran）在芝加哥的一場脫口秀演出。像出門這種大事總是會讓我神經緊張，即使我有多麼想要開心享受也一樣，結果卻是受挫，令人難以置信。我和喜歡的人一起，去看一位我喜歡的表演者，結果我滿腦子只想要躲去很遠很遠的地方。晚餐的時候我幾乎都在座位上發抖哭泣，我很著急掩飾，不想讓身邊的人都發現，不

過我確定大家都在偷看我。原本應該是一個開心有趣的經驗，我卻因為焦慮而坐在小餐館的廁所裡喘息。等到表演開始，我才稍微放鬆。不過，雖然我隨著笑話一起發笑，但焦慮依然在我的胃裡啃噬著我。

焦慮具有無比的力量，當它決定出擊，會採取許多不同的形式，結果往往是焦土一片。突然間，你的注意力只能完全集中在內心深處的恐懼和沮喪感。當我的焦慮發作時，我就會變得堅持要身邊每個人都保持冷靜，這幾乎就像我開始感覺不好的那一刻，我需要專注於別人身上而不是發生在我身上的事情。

隨著我的焦慮而來的，還有另一件有趣的事，就是強迫症。這是一種基於侵入式想法和儀式的狀況，當接收到不受歡迎的想法，你的反應是產生一種抵消的儀式。有人相信強迫症是一種迷人而古怪的東西，例如喜歡按字母或顏色順序排列編碼。強迫症經常會成為他人笑話的目標，市面有特別標誌強迫症的產品，在電視節目、電影和書籍中，也常被視為是一種可愛的角色特質。

但大多數人沒有看到的，是隨著強迫症而來的徹底

關於焦慮和計畫，是這樣子的：

當你做了一個計畫又取消，有時人們會不高興。

我真的不想要這樣！

事實上，「我也好想好想要去參加那個活動！」

但恐慌占據了我，除了心理，更是生理。

除了胸口痛，還有胃也翻滾絞痛，還會嘔吐。

所以我只好取消。

這樣做，失望的不只是別人，

還有我自己。

因此，如今我
心中充滿羞愧
和自我厭惡。

除了無止盡覺
得「我錯過了
好多好多」，

有時更覺得
太沉重。

你可以往後退幾步，想一想，
任何事情對所有人來說並非都很容易，
接受這種想法，每個人都有優點和缺點，
有些事現在或許做不到，
不代表以後也做不到。

行動

我們對行動
都會感到害
怕，即使我
們很想做也
一樣。

取消計畫不
是世界末日
（儘管感覺
上好像世界
末日）。

你可以取消
計畫，但不
等於消滅你
的優點！

痛苦不幸。

我很早就已經不斷面對自己的強迫症，在我小學二年級左右，事情變得有些無法控制。學校開始教疾病，因此我對病菌產生執著。突然之間變得什麼都具有傳染性。晚上睡覺的時候，我會把自己用好幾層被單包裹起來，隔離自己避免所有可能感染我的病菌；我躺在床上好幾個小時，擔心得睡不著。如果你翻閱當時我寫的日記，會發現一頁又一頁滿滿都是關於病菌感染。

不久，恐懼果真開始影響我的生活。我不喜歡與人握手或擁抱其他孩子，總是擔心會感染一些未知的病毒。大腦為了適應這種情況，於是下達各種不同的任務讓我去完成。睡前打開並關上電燈開關；洗手四次；大門口進出各兩次，這樣做才能保證安全，保證每個人都安全。

隨著年齡增長，壓力漸增，這種強迫性行為也日趨嚴重。公共廁所變成了一個噩夢，在學校跳舞太可怕（跳舞要與人接觸），於是大腦指令開始失控。有時我會站在電燈開關旁一直打開和關上五十次以上，直到感覺舒服為止。人們開始注意到我的習慣，我只好聳聳

小時候，我不知該怎麼應付自己的強迫症，因為我不懂什麼是強迫症，只好做一些事讓自己感覺好過一些。

但有一天，我忘記要去做那些重複行為，因為那一天是聖誕節，我想要有快樂時光。

第二天，我看見報紙，我嚇壞了。

新　　　聞

海嘯橫掃，數千人死亡

因為我沒做那些重複行為，所以厄運發生了。

都　是　我　的　錯

都是我的錯……

你看，強迫症就是這樣的惡性循環：

害怕

「好，現在沒有壞事，但……」

重複某些行為模式

舒服好過

我不過打破慣例一天，厄運就發生了。
在我心中，我真的認為那都是我的錯。

身為一個大人，根據邏輯，我知道災難的發生不是因為我沒有開關電燈五次，不過這就是強迫症！強迫症會讓你認為錯在你身上。

隨著年齡增長，我的強迫症發生了一點變化：

害怕 ↘

重複某些行為模式，覺得好過一些

↓

「等等，我真的需要做這些事嗎？」

「我要走了，掰！」 ←

今天不做。

我變得比較能控制，不再做一些強迫重複的行為，不過有時候難免還是難以控制。

有時我對自己要比較有耐性，明白雖然我不能完全趕走強迫症，還是能過上好日子⋯⋯

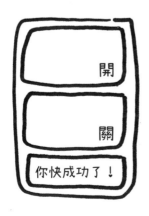

開

關

你快成功了！

⋯⋯好日子越多，我感覺越好。

肩，假裝不在意自己的怪異行為。

　　我並不是很想要做那些事，是因為大腦說，想要感覺舒服，我必須要做那些事。只要我能冷靜應付，或許我身邊的人也會這樣對待我。

　　直到成年以後，我開始進行治療，才意識到這是一個心理健康問題，有一些方法和步驟可以處理。因為我很努力分散自己的注意力，所以大腦下達的指令也變得比較容易處理，我開始對人們給予強迫症的污名感到非常難過。人們一般認為強迫症是一種有趣的人格特質，卻完全不注意背後絕望的焦慮感。人們覺得強迫症矯正書籍很好笑（這就是一種強迫症），卻永遠無法懂得為何沒有「正確」關門有什麼好恐慌的，或者沒有在「剛好」下午兩點打掃浴室幹嘛要嚇得大叫。

　　一年前，在我朋友的生日宴會上發生了一件事，成為轉捩點。我們一群人去一家餐廳度過一個愉快的夜晚。晚餐快結束時，我們幾個人想要上廁所，所以大家一起去。經過幾年的努力，我終於進步到可以上公共廁所，所以這次我並不覺得會有什麼大不了。廁所排隊的人很多，但我們聊得正起勁，幫助我分散了一些恐懼。

別人對我
強迫症的
看法

哈，我多麼
有條有理！

喔，有小灰塵，一定
要弄乾淨！好習慣！

喔，顏色什麼的一定
要按照順序排列，
一切井然有序！

我對自己
強迫症的
看法

我有太多規則要
遵守，好亂。

所有東西都污染了，現在我
必須遵照那些爛規則重頭再
來，我好
恨！

井然有序？那是
誰？!? 反正不可
能是我。

當最後終於輪到我時，我走進了其中一間廁所，卻發現自己開始恐慌。我的胃開始翻騰，胸口緊縮，我變得很害怕。有些過去的恐懼一時難以忘懷。我走出那一間，走進另一間沒人的廁所，希望它會是比較乾淨，能夠滿足當下我大腦所設定的任何荒謬標準。

然後我聽見有人在外面說話。

有一個女人，就站在我廁所門外，她開始說「我不懂耶，她不是才剛走進那間，怎麼一下子又出來？」「喔，那間我看起來還好啊，不知道她有什麼問題？」然後兩個人大笑。我坐在廁所裡默默哭泣，因為那一刻代表我之前所做的努力似乎無濟於事。我很想要努力變好，但陌生的成熟女性大人們卻只把我當作笑話對待？這樣有什意義？我不想出來，直到我確定她們離開了。

焦慮不容易應付，你自己很難單獨處理，更遑論人們會取笑你。想要找回平衡，每天真的都要經過一番掙扎。有時抬頭挺胸難以達成，反而向恐懼低頭比較容易，即使你知道這樣做沒有好處，還是可能放棄。但為了克服恐懼，每一步無論多麼小都有意義，

但向後退後一步，也並不代表你所有的努力都沒有

出門去！

在外面可能很難保持冷靜，正常運作，的確，事情不見得都會很完美。

這裡有一份小指南，可從小型活動開始建立，讓你能夠漸漸適應大型活動，享受樂趣！

入門級

超市菜市場
連鎖商店
郵局
速食路邊攤

這些地方都很適合，沒有人會想要在這邊負什麼責任，什麼時候來去都可以，出入口清楚。這些地方人際之間的交流往來較低，因此即使搞砸也沒關係！

簡單級

購物中心
戶外公園
小型商店
餐廳飯館

經過入門級的訓練，簡單級會有些挑戰，有些約會承諾要遵守，人與人要交談。在這些地方，人們會比較靠近，如果有人接近你，你卻不知該說什麼，沒有關係，我們大家都犯過那種錯！

中級

電影院
朋友聚會
家庭聚會
博物館／導覽

經過訓練，中級階段的這些地方，人們會需要不同層級的約會承諾，不過依然有出入口，可找到脫身的策略。如果你有什麼可怕的大計畫必須完成，不妨在這些地方多加訓練，練習應對技巧，不要害怕嘗試，你會成功的！

高級

一日旅遊
音樂會／戲劇表演
晚宴
人生重大場面

這些頗具挑戰性，但報酬也不小！需要負擔的承諾和責任時間比較長，不過想要脫身也比較困難。人際互動是必須的。如果不順利，你會一輩子都不想要再發生。但這一級的關鍵在於，嘗試嘗試再嘗試！先準備好一套應付焦慮的辦法，恃吾有以待之，你懂的。

看起來是很可怕，
但你完全沒問題！

焦慮很討厭，但你可以預作準備。

就算再糟糕，你可以這樣做！

焦慮應付計畫

你的焦慮是哪一種？

☐ 專一型：我知道為什麼焦慮。

☐ 一般型：我不知道為何焦慮。

一般型

有時你的身體會自行決定，突然感覺變得很糟糕，不舒服，一般性的焦慮會讓你很難過。

想想現在這種焦慮的感覺，是否與從前有些時候的感覺很類似？將原因找出來。

怎麼做

焦慮具有控制性，因此會占據你所有注意力。你可以轉換注意力，做其他事。

專一型

如果你知道自己難過、焦慮的原因，請檢視你的問題，看看是否夠改變什麼？

如果不能做些什麼來改變，請想像你希望變成的樣子。

請記住，單獨和焦慮怪獸對抗未免也太困難了。

可請求助別人，不要不好意思！

你的焦慮應付計畫

我所感覺的焦慮是：

☐ 專一型
☐ 一般型

把一些最近發生的
事，列成下表：　↓

_____
_____
_____
_____

冷靜

如果你很難受，這裡有一些
方法能幫助你冷靜下來：

☐ 散散步　　　☐ 傳訊息給某人
☐ 聽音樂　　　☐ 摸狗
☐ 看一部你喜歡的影片
☐ 洗臉　　　☐ 喝水
☐ 放慢呼吸
☐ 刷牙　　　　☐ 做一件瑣事
☐ 把感覺
　　　寫下來
☐ 把寫好感覺的紙撕碎
☐ 不看網頁／Email
☐ 聞味道很強的東西（例：香水）
☐ 做伸展運動
☐ 摸摸東西，把注意力放在感覺東西
　　表面的材質

附 獎！

冷 靜
公開場合版

☐ 以想要的節奏動動
　　手指
☐ 找一面牆靠著站

☐ 離開群眾

☐ 注意自己的呼吸／
　　心跳次數

☐ 隨意寫寫畫畫

☐ 改變身體姿勢

☐ 往臉上灑點冷水

意義。我喜歡把所有發生在自己身上的事情，都想成是一個「經驗」。是的，餐廳廁所發生的事是糟糕的經驗，儘管如此，它仍然在整個「經驗」類別中占有一席之地；我做的事越多，我學到的越多。面對焦慮，重要的是，不要讓它在以後妨礙你做事。有很長一段時間，我一直拒絕去聽音樂會和脫口秀表演。但這樣做只是讓我換一種難過的方式，因為我錯過了這些演出。如今我已經成長，比較懂得如何處理焦慮，也真正站起來面對焦慮；後來我晚上成功出門去看過幾次表演，也成功上過許多次公廁。我所採取的小小行動，無論好壞，對於焦慮的管理都非常重要。

最近我去參加一場音樂會。事實上已經有很多年都沒有參加過這麼大型的音樂會了。這是一場真正的音樂會。一路開車過來，停車，找座位，我都非常緊張，擔心自己會不會失控？嘔吐？哭泣？但隨著夜晚的時間流逝，我越來越覺得舒服，等到音樂會開始，我和其他人一起歡呼。表演途中，我驚奇地發現了一個重要的想法：

我很高興我做到了。

5

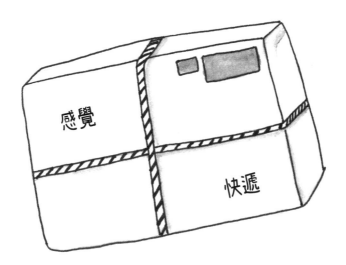

　　無論你的感情是否輕鬆愉快，想要以健康的方式來展現感情，都可能會是一場艱鉅的挑戰。

小時候，我學過幾年武術。起初，武術是一個非常有趣的課後活動，我喜歡認識新朋友，跑來跑去，和同學們一起演練。但後來有新老師接手，一切都跟著改變了。

新老師相當嚴格，你立刻知道這個人不好惹。從前等待上課時總是充滿笑語，取而代之的是安靜緊張的氣氛。

幸運的是，新老師教的部分並不多，原來的老師還是讓我們不時有一些歡笑。我對一個重視技術和完美的體育運動，我通常表現得不太完美，但卻心情愉快，持續努力進取。老師們保持耐性指導我，在我驚慌失措時安撫我，因此我不斷晉級。

當我進入高級課程階段，那位新老師是唯一的教練。其他教練注意的是學員的限制，因此在對打時會多所考慮，但我的教練卻要我全力以赴，不可保留。雖然他總是在可能造成身體傷害之前停止，但想到一個中年男子會奮力向我出拳，每次對打贏的都是他，令我失去了對打的動力。

更令人十倍氣餒的是，我知道他都準備好了，他要

讓我哭而且絕不停止。

　　既然新老師不喜歡學員在上課前嬉鬧，他更討厭上課時哭泣，但每次課程結束，我總是哭泣。我和同伴練習的時候，會努力調整動作正確，他卻會打斷我，指責我。如果我壓力太大，其他教練會給我幾秒鐘冷靜下來，提醒我做得不錯，然後再試一次。他卻沒有這樣做，而只是說，「你是不是又要哭了？」他臉上的表情好像是我是世界的大麻煩。然後我就會哭起來，一部分是因為擔心動作能不能做正確，另一部分是怕自己又要哭起來，結果我還是哭了。

　　「好，如果你要哭，妳必須離開教室，」他會以一種權威的態度說話，然後在所有同學面前命令我出去。這是一種羞辱，我必須到大廳和其他父母一起等待。在這段時間，我原本應該讓自己振作起來，但因為太羞愧，我只是反覆解開鞋帶又綁好，一直不停地，因為這樣至少有點事可以做。時間一到，他會出現在大廳裡，好像在做什麼盛大表演似的，對我說：「如果妳覺得自己已經平靜下來，就可以回來上課。」整個過程再三重複又重複，我驚慌失措，他煽動挑唆，我被逐出課堂，

直到最後我終於完全放棄。

　　儘管那幾年我花了時間努力改善、調整動作和反應時間，我從這個經驗所學到最重要的是，顯露情緒是一件很糟糕的事，必須看上去很完美。做不好，要完美。我變得能夠很熟練地隱藏造成困擾的情緒，過度擔心不想被人看見我哭泣。眼淚變成恥辱的理由，在我生活中處處都想要達成完美。

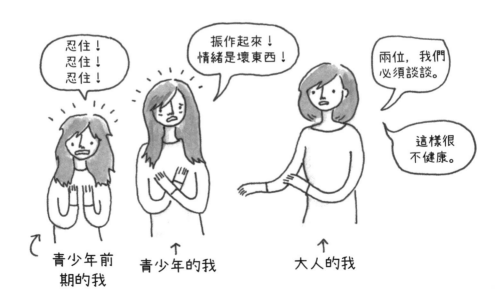

糟糕的一天
就像這樣

感覺起來
像

封口不說

我很好。*
*我很好。

我很好。*
* 可以再
好一點。

我很好。*
* 我真的
沒那麼好。

我很好。*
* 事實上我是難過。

我很好。*
* 是啊，我真的很
難過。

我很好。*
* 我很難過，想說
說心裡話，只是
不知該怎麼做。

我很好。*
* 我快崩潰了，
真的不太好。

我很好。*
* 一點都不好。

我很好。*
* 一定要到這種程
度我才能夠表達
情感嗎？

表達情感！

沒錯，表達情感，很爛又很可怕！但這也可以是一種解除你肩上負擔的情緒性處理方式。

 這裡有一些我的心得：

用第一人稱的「我」，是一種良好的表達方式，和你說話的人比較能夠理解。用「你」說話會讓人失去興趣。

如果你不太能把真正的問題指出來，把焦點集中到你所感受到的情緒，從這裡開始。

有時你和別人可能會溝通不良，對方不能理解你的意思或感覺。
不過，別因為這樣就放棄！

在你能夠和別人分享你的情緒之前，你必須要先對自己誠實。

　　我滿腦子都是要完美，只要感覺不快樂，就把那種感覺埋葬起來。我整個人運作良好，只是沒有做自己。我向世界展示的自己是一個經過精心維護的版本，看不見任何裂縫、凹陷，全部都在內部處理過了。這是一種不健康的存在方式。無論好壞，舒服或討厭，感覺就是感覺，無論你想不想要，感覺都會存在。

　　你遲早必須面對感覺，封閉這些感覺只會導致你更痛苦。擁有自己的情緒絕不是件容易的事，但卻是必不可缺的。感覺是要讓你知道事情出了問題，或者讓你知道已走在正確的軌道上。你越早願意承認這些感覺，不僅你能夠解脫，你的感覺也能解脫。

6

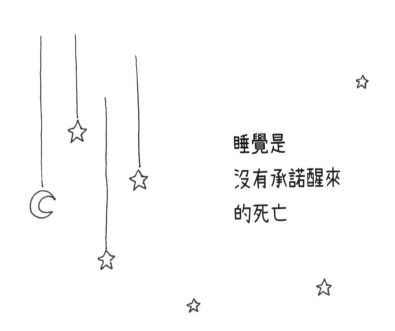

睡覺是
沒有承諾醒來
的死亡

　　高中畢業典禮宴會那一天，原本應是我學校生涯中
最快樂的一天。我站在家裡的後陽台，看著每個人談笑
風生，說說年末的八卦消息，我卻開始感到胃部傳來一

陣虛脫。就是這樣嗎？最好就是這樣了嗎？事情怎麼會變得如此壞？

　　一直以來我都是個好學生，寫功課、繳作業，考試前努力準備，孜孜不倦，學業有成。我一直都夢想要當一個護士，從小時候起，我就照顧所有的動物玩偶，牠們會生各種病，我一直希望有一天真的可以做到。雖然我不是班上分數最高的一群，在課業上確實也遇過困難，不過畢竟差強人意，為了實現目標，保持在正確的軌道上。

　　進入高中以後，一切變得動搖了。我的學業開始退步，數學跟不上，甚至連課後補救教學都學得很辛苦。不過想要成為一名護士的決心依然不變，因此凡是醫療相關的課程我都去上。我在家附近的醫院找到一份志工工作，是在裡面的禮品店做事，還要外送。每當我穿上志工外套，便覺得自己更接近夢想一步。在課業上我也要求自己努力再努力，不但早起做數學，午休時間也研讀數學。接著傳來最好的消息，我取得了高中的醫院實習計畫資格。在高三那一年，我將可以每天兩小時跟著醫生和護士與患者互動。

　　然後頭昏腦脹的第一天來臨。我到腫瘤科，跟隨一位安靜的醫生。我身上穿著高中實習生穿的正式工作服，感覺有些不能融入，只注意著自己鞋後跟在長廊間發出的聲響。我們到了第一間病房，醫生直接開門進入。與病人談話，換繃帶，檢查傷口感染的跡象，這種種對我來說都太超過。我的腦袋開始旋轉。我道了歉，說覺得有點不舒服，大家都能諒解我。

　　事實上，我很害怕，非常非常害怕。我的朋友們此時都在學校裡享受高三生活，穿著運動褲坐在自修室裡談論舞步，我卻穿著硬邦邦的套裝和不舒服的高跟鞋，追求我以為我想要的職業，卻突然發覺其實我不想要。承諾太早，負擔太重。

　　但是，我們想要的並不總是我們需要的。

　　第二天我放棄了實習，父母、老師、輔導員、朋友們，人人都很震驚。我只好說謊，告訴每個人我無法忍受看見血液，因此不太確定護理工作是否適合我。在現實中，我對未來感到非常害怕。我即將畢業，感覺上我所受過的一切訓練和準備，都變得翻天覆地。我不知道該怎麼做，即使是日常生活中最基本的部分也一樣。醫

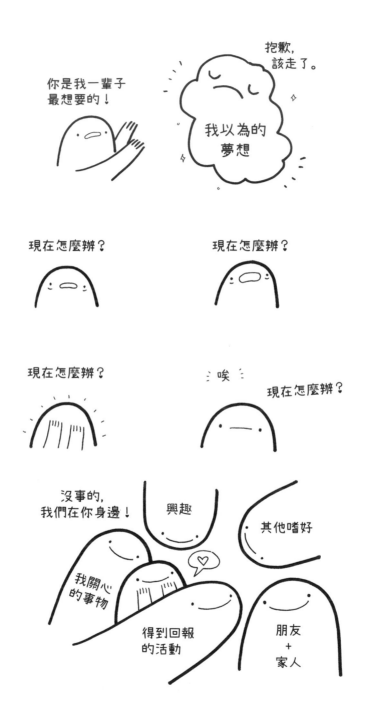

院的志工是做不下去了，所以我決定辭職。這一步提醒了我，我離開了設想好的未來。

我開始跌跌撞撞。

失去了目標和方向，便失去了動力。我變得開始不交作業，隨便應付，還蹺課。我不再與朋友們出門，理由是，既然同學們隔年秋天就要分道揚鑣，去上不同的學校，我乾脆就先離開。我覺得很悲慘，一個人躲在家裡的衣帽間好幾天，和成堆的衣服擠在一起，希望背後的牆壁有路可以通往其他的世界。上學讓我感覺非常痛苦，因為每天都有各種不同的慶祝活動，告訴我高中生涯即將結束。人人都充滿渴望，恨不得趕快展開新的改變，我卻覺得自己動彈不得，可能的機會都錯過了，如果不去注意這一切，心裡會比較舒服，所以有時我會讓頭腦停止運作一陣子。

盛大的高中畢業典禮那一天終於到來，當太陽下山時，每個人都把帽子扔到空中。我看著現場亂糟糟，帽子飛舞，我偷偷仰望天空，希望能把我吸走。

畢業典禮結束後，我過得很痛苦。朋友們紛紛都在暑假整理東西，購置大學宿舍物品，我和他們的距離變

得更加遙遠。大部分時間我都躲在房間裡，無法思考未來，只能想想幾天以後的事情。我的睡眠開始占據越來越多的時間，父母擔憂起來。以前我從來不愛睡覺，突然間卻變成是我唯一想做的事。

隨著月分的推進，我的朋友們啟程前往美國各地不同的大學，我則在家附近一所學校註冊，仍然和家人住在一起。大學和高中生活唯一的差別就是我在課堂之間睡覺的時間變多了。我不是真正想要學習，每天早上起床感覺很鬱悶。大學不是生活中最優先的選項，如果我不知道自己想要什麼，努力又有什麼用？我變得更加討厭所有的課程，也討厭做功課。我沒辦法和任何人交朋友。我的生活正在迅速崩解，我開始運用不健康的應對機制，以自我傷害來度過。

我在高中時期，偶爾會用自我傷害來處理情緒。我無法真正與任何人談論我的感受，於是我想到了一個方法，要是有什麼事情做不好，我就「懲罰」自己。所以我就拿刀割自己。我做得很小心，總是隱藏得很好，但是開始上大學以後，自殘行為變得更加頻繁。

到了十二月，一個月黑風高的夜晚，我再也看不見

方向。我放棄了成為護士的人生目標，我是個失敗者。朋友們都開始了全新的閃耀生活，我再也沒有收到任何人的消息。我隨時都在睡覺，討厭學校，完全沉浸在痛苦中。所以我又開始把自己鎖在小房間裡，這次割得很深，真的很深。在我發現以前，整隻手臂都被血液所覆蓋。當我坐著流血，我記得自己想著，就這樣吧，我好絕望，完全、徹底瘋狂。

　　這次的傷痕隱藏不了，我必須尋求幫助。

上次我什麼時候哭的,
我不記得了!

你是誰?如此偉大的
造物。

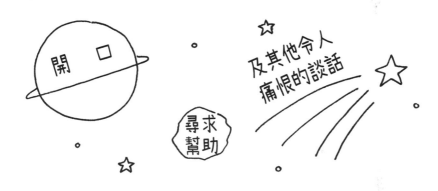

開口尋求幫助是生而為人所能做的最困難事情之一。

你必須要顯露自己的弱點,不再能夠如同你希望的,在別人面前看起來一樣的堅強。意思是說,你要讓別人進入你的世界,讓他們看見你的混亂程度。整件事

可說是令人痛恨，並不有趣。

我第一次真心求助，是在高中的時候，那時我很害怕，是個緊張的新生。適應高中很辛苦。學校作業真的很難，漸漸習慣了很多不同的朋友，以及當一個青少年。但我總是很悲傷，很悲傷。但我不想在這樣繼續悲傷下去了，我希望事情能夠改變，所以我決定去做人人都認為你該做的事：尋求幫助。

我走進學校的輔導室。「我想我需要幫助，」我說。

「什麼？」接待的女士說。

「好吧，我一直都很悲傷。我很痛苦，真的很難過。」

「哦，」她說，有點不耐煩地看著我。「不過，這裡沒有那種服務。這裡是學業諮詢，幫助你選擇課程，製作課程時間表。如果你有情緒問題，你應該和父母談談。」

她只是看著我，好像在浪費她的時間。所以我離開了。

我沒有告訴任何人。

想要尋求幫助，結果遭到拒絕，這樣做有什麼意義？我的父母一切完美，要是他們認為我沒有什麼不對勁，只是個愛哭的孩子？要是我的父母和櫃台女士一樣，用同樣的方式對待我，又會怎麼樣？我的腦袋裡不斷盤旋著這些想法，不知該如何是好，所以結果我什麼都沒做。

這個過程確實促進了偉大的「壓抑下來，假裝一切都很好，因為分享你的感受顯然是一件不好的事」。我覺得我的問題會困擾別人，所以我決定要當一個完全沒有問題的人。我努力讓自己分心，不去注意自己有多麼糟糕。有些日子我可以忍受，有些甚至過得還算可以。但我無法擺脫自己的感覺。我越是忽略它，陷得越深。

最後，我終於躲在衣帽間，手臂冒著血，我深深相信自己是這個星球上最瘋狂的人。

不知為何，當下我心中的開關打開了。我有父母。他們不是學校的人，也不是隨機遇到的陌生人。我可以和他們談話。他們講過很多次，「如果有什麼不對，要告訴我們」，不是嗎？坐在小房間，泡在自己的血裡，當然符合條件。

　　我起身，走進父母的臥室。我知道他們睡著了，不喜歡被吵醒，但無論如何我還是進了去。

　　「媽？爸？」

　　「嗯。」

　　「我需要幫助。」

　　「什麼事？」

　　「所有……的事。」

　　父親打開燈，兩個人一起看看我的手臂，然後再看看我的臉。一些非常基本的東西在我們之間流轉。他們知道我很傷心，我對大學適應不良，但他們第一次真正、確實、急迫地了解我的存在有多麼悲慘。

　　媽媽帶我進了浴室，清理了我的手臂。爸爸把家裡的每個房間都搜尋過，將所有尖銳物品全部移除，連鑷子也不放過。幸運的是，手臂的傷還不至於太深，不需要縫合，只是手臂需要包紮一段時間。我和媽媽一起上床，讓她抱著我，我突然感覺自己變得很微小，瀕臨被世界吞沒的邊緣。

　　父親整夜研究了關於憂鬱症的一切。

　　我的生命中以及父母的生命中，都開啟了一個新的

篇章：尋求幫助。

我想要告訴你，我尋求幫助，然後立刻變得百分百完美；我突然變得知道自己的生命想要做什麼，接著一切都改變了，美妙的夢想實現了。可惜事情的運作並非如此。尋求幫助本身是一個獨特的過程，從不完美，進展緩慢，而且完全不能確定是否已經實現。

我們是從一些小而重要的變化開始：如果又感覺到傷心難過，一定要趕快告訴媽媽爸爸。然後去看治療師，還有多花時間與家人在一起，經常撫摸家裡的貓狗。事情變得好轉起來，但不能算是完美。我減少了大

事情不會總是完美，
但我在這裡，

我變好了，

我還是我。

有時候你覺得事情千
頭萬緒，千萬個碎片
無法恢復原狀，

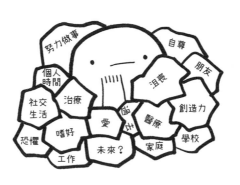

最終你都將找到解決
辦法，即使拼好的拼
圖不見得閃耀完美。

學課程，降低不少課業壓力。當朋友們打電話或發訊息給我時，我努力回應，原本分離的友誼漸漸恢復。

如果我覺得事情變得很糟，就會放開心胸對父母說。這些變化慢慢開始有了幫助，雖然事情不見得是我所想像的，但我終於又能恢復運作。

接下來幾年，我的憂鬱症時好時壞。有時可以忍受，但有時無法忍受，有時又確實還行。我和數位治療師一起努力合作，學校上課也增加，還發現我喜歡畫畫。有時我還是會在憂鬱症與自殘之間掙扎，但努力讓自己不沉沒。有時我覺得事情變得很糟，沒有希望，但我不逃避，我不讓自己逃避。

有時這就是我們真正所能希望的，一切保持漂浮。當事情真的很糟糕，保持漂浮似乎也不錯。有時只是待著就值得慶祝，因為等待本身就是一種成就。有些日子我只是在做一些平常事，像是逛逛Target超市，然後一邊想著，今天我究竟該如何撿回所有碎片，像個正常人一樣運作？

我猜，那是一個謎，但其實謎根本不需要去解決。

進步就是
進步，即使
別人不知
只有你知

壓抑想要去看看認
識的人的想法
————————☆

我努力過

事情再困難，
都要站起來
再試一次

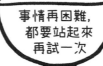

正常了
一點！

就算是
惡夢，也要勇敢
說出來

做些
對自己
好的事

約人
然後赴約

你真
了不起！

8

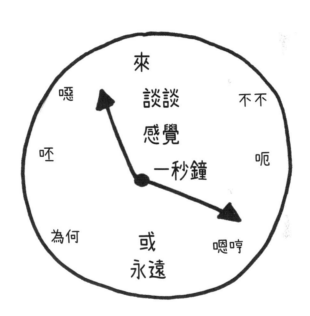

　　決定要尋求幫助，可能會改變你的一生，不過其實感覺只打了半場仗。還要跟不認識的人說話？說你的問題？呃。無論是第一次還是第十次，想到要和一個專家

談論自己最困難、最混亂的部分，總是很難的。這裡有些想法可能有點幫助。

找人陪。如果你覺得去找一個不懂你感覺的人說話很可怕，不知該如何是好，身邊有個信任的熟面孔幫助會很大。這個人也可以為你辯護，或對你的作為提供一個第三者的客觀看法。從前我要去看醫生、治療師或心智科醫師的時候，第一次都會帶我父親或母親，因為有時我會緊張，忘記想要說什麼。你帶的人可以提醒你心中想要說的其實是什麼。而且因為你開始想要信任一個新的人，知道自己這邊有一個你已經信任的人也很有幫助。

不要亮出所有底牌。無論你是否相信，第一次見面不必把所有事情全都告訴治療師。你可以用一些常出現的小問題先試試水溫，探探他們的反應。你也無須覺得你必須在剛開始幾次見面就要挖心掏肺把什麼壞事都說出來，慢慢來沒關係。如果你覺得小事的分享無礙，那麼分享內心更困難、更棘手的問題會更容易。

建立關係需要時間，而且你可能要花一陣子。這是完全沒問題的。

多找幾位治療師。如果你覺得你跟這個治療師不合，沒關係。例如你的約會不順，或約會一陣子之後覺得跟某人出去玩不太開心，以後你可能就不太會繼續跟他們出去了。醫療保健人員也一樣。如果你真的覺得與你一起工作的人並不了解你的問題，你是誰，你變好需要什麼，或者，最重要的是，你。你不必回診。從前我有一個和我不太合的治療師，因為對於我要變好這件事情，基本上我們的意見都相反。不過我還是一直去做治療，因為我被說服，問題在於我，一直到她走我才了解，關於我的進步這件事，其實責任並不在我身上。

沒有人是完美的。治療師就像你生命中其他的人一樣，有些事你們不見得會意見相同。我們都會和家人朋友爭執，是的，你也會和治療師爭執。這沒關係，完全正常。聽他們的想法是不錯，但為自己爭取最好

的也是應該。只要你們彼此尊重,明白對方的心意,一切都會沒事的。被治療師惹到上火(就像有個治療師說我沒有足夠魅力參加辣妹合唱團),還是真的很大很重要不能超過的事(像有次我第一回和治療師見面,但整段時程都是她在對我說,一句話都沒有聽我說),這兩種情形是不一樣的。

為自己辯護。如果你真的覺得事情不順利,或者治療師、醫師沒有聽或尊重你,請改變。雖然治療具有挑戰性,但每次你在椅子上坐下來,都不該感覺像是巨大的懲罰。當你有顧慮時,一位好治療師應該傾聽你的意見,並了解某些事情為何不適合你。我曾看過一位治療師,剛開始我覺得沒有進展,所以我表達了想法。她了解我的關切,於是對時程的安排做了調整。

有時你會有這種感覺,因為治療師是專業,你不能質疑他們或他們的作為。但是既然你的療程時間不長,自然會希望能夠充分利用,也會想要與尊重你的人一起度過這段時間。

治療不必永遠。一般人似乎都覺得，如果你有什麼心理方面的問題、疾病，還是任何類型的問題，你一輩子都離不開治療，永遠沒有提早假釋。治療不過是一種工具，有些人覺得對變好有幫助。治療不見得不適合所有人，只是有些人覺得有必要。有幾次我覺得治療非常有用，很能撫慰我，也有幾次我覺得很高興沒有去治療。這是個人選擇，除非你有法院命令或醫院安排，沒有人可以強迫你。你無須覺得治療像無期徒刑，希望你會感覺治療是為了使生活變得稍微可以忍受。重要的是，你選擇了適合你的方式。

如果事情在一夜之間沒有好轉，那也沒關係。有時改變需要時間。投資是值得的。

呃……
謝謝？

確診有病小姐

我坐在一個房間裡，把這些關於我的小表格都填完。

好，所以你是躁鬱症。

好吧，不是我想要的結果，但我會抬頭挺胸面對。

這代表……

吃藥

心理治療　　　團體治療

我盡最大努力了，
還是失控。

我的情緒千變萬化，
不斷在改變。

吃藥沒有用。

治療沒幫助。

團體治療不適合我。

我好累，我不正常，為了
躁鬱症的診斷，已經花費
我一年半時間，一點進步
也沒有。特別是藥一點用
也沒有。

山窮水盡

我回去看我信任的家庭醫
師，她建議先停藥，看看
我身體和心理運作的情
形。她用一種很仔細安全
的方式，建議我重新評估
看看。

剛開始我沒
什麼感覺。

但我慢慢從冬
眠中甦醒。

我再度對小事
感興趣了。

這些小事漸漸累
積,讓我變正常。

我持續去看我的醫
生,我們兩個都同
意,我有在進步。

我對事情的觀
點也變得樂觀
一點了。

隨著時間過去,我和
醫生討論,問題大致
上應該是什麼。

你現在的情緒穩定多
了,但心情依然低落,
應該是因為焦慮所產生
的憂鬱症。

這個解釋有道理多了,然
後我們一起討論了一個合
適的治療計畫。

有時我覺得心
理問題好像是
一場競爭。

好像你的症狀要
「夠糟」，別人
才會重視。

要是有人說「別
人比你更糟」，
我就會很難過。

我們爭執著彼此
的困難，沒有為
對方留下互相了
解和分享經驗
的空間。

我的
問題

你的
問題

這樣做關閉了聯
繫大門，把能夠
幫助我的人隔絕
在外。無止盡的
競爭，甚至使情
況更糟糕。

每個人遇到問題都會有不同的經驗，
但這並不代表你或別人的經驗
比較有價值或沒價值。

只不過是不同的經驗，沒事的。

我們都從別人的經驗中學到好多。

經驗都是真實的，有價值的。

我們越向彼此學習經驗……

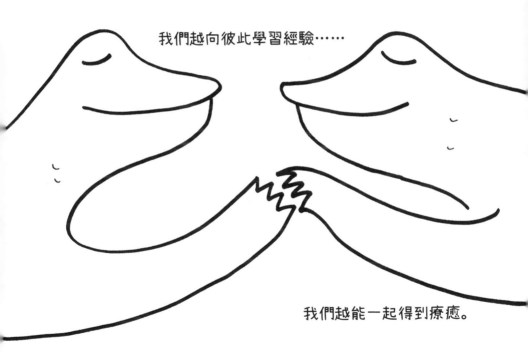

我們越能一起得到療癒。

人們經常問我──

你怎麼做的？

我在憂鬱症或焦慮發作很糟的時候，根本就是一整個廢的處理方式。我一點都不完美，但下面幾件小事幫助過我，讓我覺得比較好點。

空間地圖想像

我喜歡想像一個大空間，像是購物廣場、百貨公司甚至機場，想像我在這些地方漫步。想的時候我會非常投入，深入細節，例如門在哪裡，這樣我可以變得冷靜一點。最適合晚上上床前。

大小事鉅細靡遺

把小事變大事！你還記得拿到最佳表演獎的有誰？哪一支運動隊伍贏得哪個獎？在腦中──列舉出來。全神貫注、全心投入，恐懼感就沒有存在空間。

感受心跳

如果我心跳快速失控，我會用手按住胸部，感受心跳的速度，這樣可促使我呼吸變慢。如果恐慌症一下子大發作，我媽會教我配合她的呼吸速度，讓我漸漸慢下來。身邊有值得信賴的伙伴，真的很有幫助！

分心法

休息一下也不錯！看電視、讀書、走走路，小減壓、大有幫助！

9

「正向思考，積極正向！」

「你試過瑜伽嗎？」

「快樂是一種選擇！」

「說實話，如果你只吃健康飲食，你就會感覺很好。」

「哦，還有瑜伽。做瑜伽！」

如果你有心理疾病，這種情況很可能就會出現，有人會想試圖與你進行這種對話。基於某些理由，這個星

「快樂是一種選擇♪」

這是其中幾個說法之一，快把我逼瘋了。

因為憂鬱症並不是一種選擇；我又不是有一天早上起床，然後主動決定要變憂鬱。

憂鬱症的人絕對不會想要變憂鬱，為了想要覺得好些，還要很努力。

快樂

他們絕對都很想要快樂。

說得好像快樂就像店裡的牛奶一樣可以隨手買到，簡直是打擊我的靈魂。何況這樣說一點用也沒有。

如果有人很憂鬱，你想要鼓勵他，無論是快樂或悲傷，都可以告訴他，他做得很好。

這種鼓勵方式就是一種好的選擇。

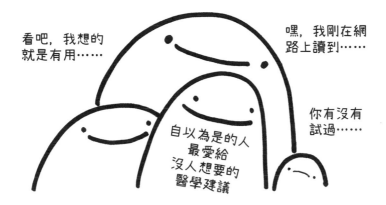

球上有些人，一旦發覺你有點難過或焦慮，他們便覺得可以介入你的生活，告訴你該怎麼做。當然，這種情形特別令人惱火。

沒有憂鬱或難過情緒的人覺得，只要夠努力，你可以想出快樂。可悲的是，事情並非如此，當你聽到「要

往正面想」第一百次的演說，你已準備好用瑜伽墊打，或塞一堆甘藍菜到他們嘴裡，讓他們閉嘴。

　　傳統意義上的「正面」是好的思想，對許多人來說確實有幫助，但對有些人來說卻有如重大挑戰一樣令人

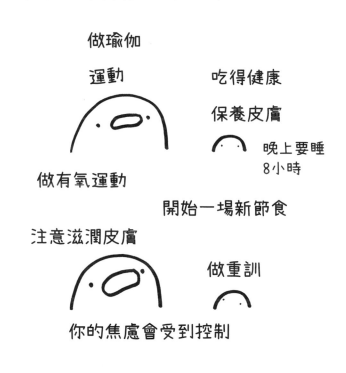

做瑜伽

運動　　　　吃得健康

保養皮膚

晚上要睡
8小時

做有氧運動

開始一場新節食

注意滋潤皮膚

做重訓

你的焦慮會受到控制

……你看起來壓
力很大，感覺焦
慮嗎？

畏懼。不過極端的說，正面是一種「正面」概念，可以幫助你專心，並將焦點放在對你重要的事情上。正面就是這樣，每個人對正面的定義都不同，只有你可以創造對你有用的定義。這是一個獨特的個人概念，為每個人量身定做。你不能把你的定義強加在別人身上，別人也不能強加在你身上。

沒人想要的醫學建議變成書

　　或許有些適合你的事情，並不完全符合「變好」的既定概念。或許香甜地吃一碗營養穀麥會讓你開心起來，或許把平和瑜伽墊拋開，好好跑一場。尋找能夠幫助你感覺更好的事物，每天感覺便會好一點。對你來說這樣很重要，很棒，又很獨一無二。

　　這也很特別，不是嗎？

　　自愛可說是愛中最困難的形式，因為自愛有自己的
社會標準和矛盾，總的來說，有些版本可能會對自己造

成強烈的壓力。

一方面，你有傳統的「完美」標準：一副好身材、美麗的秀髮、漂亮的牙齒、令人讚賞的服裝，這是典型的身體壓力，你知道你一輩子都達不到。但另一方面，有身體的正面行動，也會帶來同樣的壓力：*無論如何都要愛自己，無論如何都要做你想做的事，無論如何都要接受你自己*。但如果你覺得自己不屬於上面任何一種類型？如果你只是……存在？

說實話，我一直很在意我的體重。我的身材總是圓滾滾的，不過我並不是真的覺得很困擾。我像所有高中生一樣，身體話題是我的禁忌，暴飲暴食更隨著憂鬱症而來。我說的不是吃得比平時多而已，我是用食物當作應付問題的處理機制，吃到想吐還在吃。我的體重開始直線上升，但我並沒有注意也不在意，這只代表衣服要買大一個尺寸。

但我的身體開始注意也在意。在家裡爬樓梯變得筋疲力盡，腿痛，總是很疲倦，頭痛。我經常胸痛噁心，晚上無法成眠。幾週以來我經常睡不好，痛得撫胸哭泣，父母帶我去急診室。醫生做了心臟檢查，沒發現任

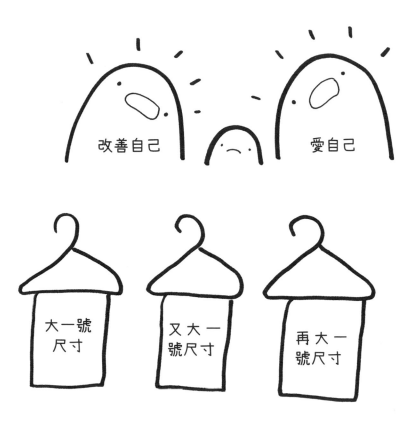

何問題。然而，他們比較注意我的體重。問了我很多關
於飲食的問題，我頭一回意識到，我的挑戰已經延伸到
暴飲暴食。因為憂鬱，我用食物處理問題，結果事情只
是變得更糟。我必須改變，不是因為社會壓力，也不是

這不是我問
題的解藥

因為我不愛自己，而是因為如果我不愛自己，只會讓自己傷害更大。

我不喜歡
照鏡子。

一團混亂。

我害怕……

其他人看到的
我也是一團混
亂嗎？

100

「我恨我自己看起來那麼大一隻」

人們以為我是在說

喔，我知道我看起來還可以，但你可以稍微讚美我一下嗎？

事實上我是想要說

我不想出門，其實是因為我的外表，我覺得不自在。

　　我的家庭醫師幫助我制定了計劃。我的起點是均衡飲食，適度運動，並且當我感覺不好時不會伸手去拿食物。這很難。我開始在家附近散步，但從不走得太遠。飲食不再一盤接一盤。但主動做事改善情況，不再睡覺的感覺很好。當春天來臨時，我把舊自行車拿出來整理，開始四處騎遊。身體的每條肌肉似乎都在與我抗爭，感覺很煎熬。但我喜歡走出去，看四周發生了什麼事。我開始在心情不好的時候出門散步，不再轉身找食物，也不再吃甜食或油炸食物，這些食物會在我騎車時減緩我的速度。慢慢的，我開始覺得我正在進步。等到下次看醫生的時候，我的體重甚至不再被視為是不健康的，胸痛也消失了。

　　唯一的問題是，我仍然討厭我的外表，無論我失去多少體重都沒有用。我不斷尋找對我自己外表的恐嚇方式，例如肚子還是一樣大，要遮住。穿寬大的T恤。屁股太大，最好蓋住。你的臉今天看起來很糟。

　　我的外表已經改變，但內心依然同樣感到不安和絕望，不被別人接受。我經常覺得，如果體重再度變回去，我還是會變得悲慘和憂鬱，該怎麼辦？

事實上，一個人的體重不可能一輩子都一樣，這只是我們身體的運作方式。上下變動的體重，對人類來說是正常的。學習接受，並持續想要照顧自己，對我來說

是真正的挑戰，比騎車爬任何一座山丘都要困難。這代表我值得投入心力照顧自己。

保持健康的
重要訊息

這是一個範圍廣闊的體重計！
「健康」對不同的人具有不同意義，
重要的是你的行為是否健康。

健康 ≠ 體重

健康和體重是兩件不同的
事。「健康」並不代表你
的體重多少，或是要達
成某個體重標準。而是
指你要照顧自己，讓自己的身體和
心理都感覺變好。

如果有人一再催促你
運動，你可能反而會
不想運動。這是個人
的選擇。

運動

是

折磨

不該

許多人似乎都認為，
真正算得上是「運
動」的只有跑步。
其實很多事都是運
動，例如走路和伸
展運動，任何會讓
你動一動的事也算運
動。由你決定！

我怎麼穿衣服？

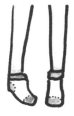

腳。呃，
最好遮住。

肚子不平！
應該蓋起來。

而且胸部手部
和側面看起來
都很怪……

乾脆穿
黑色消字塊

太完美！

人人都剪過
痛恨的髮型。

或穿過一出門
就後悔的衣服。

最糟糕的是知道人們一定會
風言風語。

這時關鍵就在「裝」。

看起來好像你很懂自己在做
什麼，你的自信讓大家只能
佩服。

這是最新
時尚！

然後回家以後趕
緊躲在一堆被子
底下。

事情是，無論你如何選擇去對待你的身體，即使是身為一個人最好和絕對正確的決定，依然會受到批評，會受到檢視和思考，並成為某人意見的主題。除了會受到其他人審查和檢驗，也會被你審查。

總有人會跟在你身邊檢查你的事，認為他們最懂。

總有人會在你變胖或變瘦時發表評論，感覺真的很糟。

總有人會一直拿你和別人比較。

總有人會發表批評性言論。

有時候，那個「總有人」就是你。

　　關鍵在於，你知道自己在進步。把進步找出來，即使再小、再不起眼，例如即使再難過我也不大吃大喝，或可惡我今天要穿那條緊得要命的緊身褲！都算是一種進步。

　　有時候我們會以為，自愛是認為自己無論何時何地都很棒。不過其實答案通常不那麼令人興奮，像是尊重自己，或當我們想要攻擊自己的時候稍微退一步想一想。在一個我們被教導為人人都要完美的世界裡，有時我們所能做的最好事情，就是在不完美的環境中看見美。

身體獎

對自己外表
不滿意,
但還是願意
出門

自我形象
受挫, 但
仍努力過
日子

沒能克服傷害
自己的壞習
慣, 但對明天
仍充滿希望

堅持

的確了不起,
值得獎勵

　　雖然網路可能是一個陰暗的地方，但有時在最不可能的地方也能建立友誼。

　　我的朋友伊麗莎白來自奧地利，表面上我們過著非常不同的生活。她住在維也納，做農業科學方面的工

作，定期巡迴歐洲大陸，並且會說多種語言。而我住在美國中西部，工作是繪圖，只會說一種語言英語，有時還說不好。

然而，因為歐洲歌唱大賽節目的關係，我們卻完全團結在一起。

對於不熟悉比賽的人，歐洲歌唱大賽像是第二次世界大戰後，希望用一夜的歡唱將破碎的歐洲大陸團結起來的一個方式。剛開始是一種非凡的經典盛宴，後來延伸為三個晚上的慶祝活動，有閃閃發光的流行音樂、樂器、煙火和舞蹈。雖然人們常認為比賽很俗氣，但在我的表姊妹移居歐洲後，很快地我就熱烈愛上它了。「趕快去看！」她懇求。於是我照做，一開始看就再也停不下來。我現在發現我可以與熱愛運動的群眾相較，我們一樣跟隨著勝利投注率，把眼睛貼在電視上。只是我的運動屬於亮片和流行音樂。

熱愛歐洲歌唱大賽唯一的缺點是，在美國並沒有討論熱潮。我的迷戀開始時，比賽並沒有在美國播出，所以我不知道要和誰討論。謝天謝地，網路解決了這個問題，我和伊麗莎白認識了。看了歐洲歌唱大賽一年，我

這樣看歐洲歌唱大賽最好

更多亮片

亮片

禮服

抓狂的帽子

電風扇

成套衣服

失控的道具

你的國旗

上再多妝都不夠

讓一切更混亂的背景投影

準備一個假裝彈奏的樂器

某種舞蹈姿勢

喔耶！一首好歌！

貼出一些圖畫，她傳給我一些對比賽的留言。

　　伊麗莎白像我一樣渴望找人聊聊歐洲歌唱大賽，那年我們剛開始聊的是我們最喜歡的歌曲的小事情，很快地就變成關於比賽的段落。不久我們的對話從「捷克還會回來嗎？」到「在維也納上學是什麼樣？」與距離你數千里遠的人談話，讓你平淡的日常生活突然變得有趣。我著迷於所聽見的歐洲日常生活，同時伊麗莎白也同樣對美國的生活感興趣。我們最後交換了地址，寄送彼此明信片，後來變成聖誕節互寄禮物，一場實際的友誼產生了。

　　網路友誼自成一格，因為網路朋友並不參與你的日

我非常擔心別人怎麼看我。

就像，我的天啊，如果我喜歡一件事，但是別人不像我那麼投入，是否表示他們其實不喜歡我？

所以我越喜歡一件事，越是藏得密密的。

我喜歡的東西，請勿開啟

因為要一直斟酌不讓太多我喜歡的事透露出來，以免別人知道我，所以頭腦容易混亂。

但當我覺得放人進來很舒服，

事情就像變魔術，

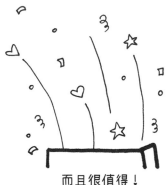

而且很值得！

常生活，相反的，他們只會得到我的一個日常生活片段，而且還可以選擇你所要呈現的片段是什麼，這樣在一開始就可以減輕一些壓力。但我最後學到，就像現實中的友誼一樣，有時還是可以表現出弱點，而且這樣做還可以幫助關係深入。

　　經歷了一些關於憂鬱症的痛苦之後，我在網上寫了一些相關的事。大約一個星期後，我收到伊麗莎白寄來的一個包裹。她想讓我振作起來，所以寄來許多我們最

喜歡的歐洲歌唱大賽明星的雜誌剪報，一些巧克力和一張信紙。我真的哭了，因為沒有人會因為想我而寄包裹給我！我有了一個看待友誼的全新方式。

「Douze points」是法文「12分」，這是大賽中一首歌所能得的最高分數。我當然會給這份友誼打12分高分。儘管我們受到海洋、陸地和奧地利西部山脈（我的歐洲地理現在很強）重重分隔，我覺得伊麗莎白是一個現實生活中真正的朋友。有人可以在信件中一起談論喜愛的比賽和有趣的歌曲，這件事真是太棒了。儘管每年都會有一隊隊新人走上舞台，帶著怪異的道具和電子節奏互相競賽，但我可以與半個世界之遙的人一起欣賞，這真是太酷了。更重要的是，知道相距千里的朋友認為我是一個很不錯的人，感覺也很好。

12

喔，加拿大！

　　最近，我受到邀請，參加朋友妹妹的畢業晚會。這是一件大事，整桌都是美味的家常菜，充滿笑語。雖然我面對這種事往往會感到緊張，但太陽正在閃閃發光，

我感到很安心。當我終於穿過聊天的人群，看到同桌熟人一一入座，我感到如釋負重，其中包括朋友從加拿大來的表兄弟。從前我見過他們幾次，所以在他們身邊我感到舒服自在。

從下午到傍晚，我們這一桌成為二十幾歲專用桌，因為我們都是年輕人，周圍都是真正的成年人或青少年。大家親熱地聊天，一切令人驚訝地順利，我也很樂在其中。

直到有人提到賈斯汀·比伯（Justin Bieber）。

「哦，」我說，看著加拿大的表兄弟。「我一直忘記他是你們的『污點』。」

話剛離嘴我就開始後悔。我對小賈斯汀沒有意見，當然也對表兄弟沒有惡意，但無論如何，覆水難收。

「**什麼？**」表兄弟其中一位說。

「他是個加拿大好男孩，只是墮落了！」另一個哀號。

「你們還給我們麥莉·希拉（Miley Cyrus）！」第一位補充說。

不久，整桌人騷動起來，爭相在說誰給誰什麼，蛋

糕叉子紛紛開始控訴艾薇兒拉維尼（Avril Lavigne），然後發現萊恩葛斯林（Ryan Cosling）和萊恩雷諾斯（Ryan Reynolds）竟然也是加拿大人，大家的下巴都快要掉下來了。就像娛樂新聞一樣，緊張氣氛升起，我的胃也跟著下沉。我一手便摧毀了美國和加拿大兩國之間的外交關係。

　　我試圖道歉，但我的請求沒人聽見，因為有人喊道，「**那德瑞克（DRAKE）呢？**」幸運的是，正當人們開始分立場，有人提出搬出去很花錢，我們突然團結起來，在我們這個年齡，沒有人能在北美大陸買得起房子。

　　國際關係確實是一件美好的事情。

　　但是當我那天晚上回到家時，腦中依然迴盪著大家爭執的聲音。即使在理性上我知道危險性很低，但我仍然忍不住想，為什麼我要張開那張愚蠢的嘴巴發表評論，把一場完美的晚餐變成了一場無極限爭執大會。又不是從此大家再也不見面。如果表兄弟認為我是一個愛挖苦人的混蛋？如果他們因此討厭我怎麼辦？如果他們從我朋友那裡知道我家地址，然後買來加拿大Tim Hortons咖啡，朝我臥室窗戶丟怎麼辦？儘管我在理性上知道他們人非常好，永遠不可能做這種事。

　　當你在別人面前出醜，要分成兩個部分來討論，一個是實際事件，另一個是事後你的想法。當你對別人說

些蠢話時，大多情況下對他們來說並沒有什麼大不了，儘管如此你卻經常會覺得世界末日了。很可能有人對你說過一些蠢話，然後道歉或試圖彌補。這種事情發生的時候，你還記得他們對你說的話嗎？

八成不太記得。

但是，當說蠢話的人是我們，我們的大腦會讓一切變糟糕百萬倍，會警告我們即使道歉，每個人都沒事，**但做錯就是做錯**，你必須開始監控所有未來的行為，以確保這種事不會再度發生。但是這種事的確會繼續發生，因為我們是人類，人類的天性就是會搞砸，尤其是在宴會或社交場合，人們有許多互動的地方。然而說錯

說實話，我很不會說話，經常說錯話，所以我需要保證我有身為一個人的資格。

我是這樣的人，我花太多時間回想過去——
好像就是不能放過自己。

特別是我做了一些**壞事**
的時候。

你看，我指的
「壞」包括很
多，其中特指
我可能傷害到
別人。

傷害形式包括：
A) 我說的話
B) 拙劣的笑話
C) 我做過的事

好消息是，我
會一直顧慮人
們的想法！

我總是相信大家
都記得，人人都
會討厭我，認為
我很可惡。

2009年惹
朋友生氣

最新消息

你還記得的
那些想要忘
記的事

別人還記得
你的傷害

而且喔，想要放手很難，需要努力！

這是因為我陷在過去和現在中間。過去我做過壞事，現在還沒。

過去　現在

關鍵是把握現在，不僅是你活在當下，而且因為如果你對過去太擔心，現在你就可能會做出不同的選擇。

像是

好的

選擇。

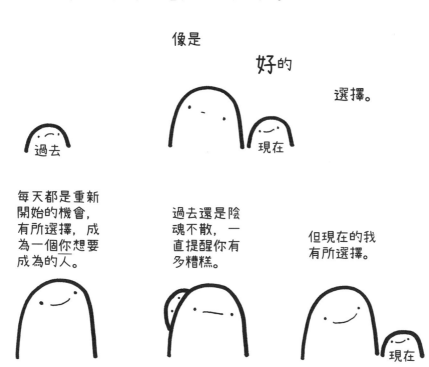

過去　現在

每天都是重新開始的機會，有所選擇，成為一個你想要成為的人。

過去還是陰魂不散，一直提醒你有多糟糕。

但現在的我有所選擇。

現在

話和當壞人還是有差別的，說錯話是指不小心說了一些不該說的、令人尷尬的話，當壞人則是故意想要去傷害別人。

　　就算你覺得他們不懂，人們也會感覺得出兩者的不同。很可能明天沒有人會再記得你說過的瘋言瘋語，也不會看不起你（特別是你還道過歉）。

　　事情弄糟了，容易處理的是你道歉然後有人說沒關係，困難的是原諒自己然後願意放手讓這些小錯過去。沒有人是完美的。如果大家都很完美，就不會有人爭執誰是加拿大人了，那麼這個世界會如何呢？

13

過去

　大家都知道，高中開學第一天總是很無聊。

　世俗的終極慣例是，老師們念著課程內容，人人都

忘記白天究竟有多長。在課業上努力這麼久之後，我

終於能在高三秋天的時候拿一門悠閒有趣的課。我選的是音樂欣賞，當時我不知道那堂課的狀況，以為會很有趣。

上課第一天，老師來了，穿著一件衣服，上面是我不認識的樂團。有一個學生立刻和老師開始討論那個樂團，兩個人談得似乎很盡興又忘我。我問他們那是什麼樂團，他們推薦了幾首歌給我。

當我回到家時，我開始瀏覽歌曲標題，決定試聽。但在我聽歌時，其中一首一開頭便引起了我的注意，當歌曲結束時，我的臉上流著淚。與世隔離，感覺就像我沒有歸屬，未來不可見。

這個音樂簡直是呈現我的個人經驗。這首歌稱為〈分支〉（Subdivisions），樂團是「匆促」（Rush），而我內心的感覺就這樣與兩者連結。我持續點擊一首又一首歌曲，深深入迷。

匆促樂團是一個極度不合時宜的樂團，他們受到主流媒體的嘲諷，因為受到指責歌曲過於複雜、不夠酷。但我在他們的音樂中找到了我喜歡的東西。我讀到越多關於喜歡他們的粉絲，音樂就越引起我的共鳴。樂隊

為什麼是匆促樂團 Rush？

如果你像我父母一樣，就會奇怪我為何會愛上匆促樂團，他們的歌迷都是50歲以上的大男人，一個青少女竟然也會喜歡。來看看為什麼。

GEDDY LEE　蓋迪．李：貝斯手、主唱、鍵盤手。
基本上是一個令人驚奇多才多藝的多能者。

ALEX
LIFESON

艾力克斯.
萊夫森：吉他
手，獨奏技巧
高超，豐富幽
默感。

NEIL
PEART

尼爾．佩爾特：
鼓手、作詞者、
一位傳奇鼓手，
作詞技巧高超。

音樂
複雜、技術，風格多樣，範圍
廣泛，大多都很有趣，我真的
很喜歡。

思想
我喜歡音樂能讓我挑戰去讀或
嘗試新東西，鼓勵我學習探
索。

歌詞
許多歌曲是關於神話、哲學、文
學、科學、人類天性、溝通，甚
至還有機器人。每次都會聽到新
東西。

粉絲
許多人都覺得自己格格不入，我
也加入成為其中一員。

超越世代，為我這樣總覺得格格不入的人，創造了共同之處。

　　不知道是否因為我總是待人和善或我很容易哭，一直以來我都是人們霸凌的目標。我無法理解我做錯了什麼，我只不過想成為團體的一員。

　　國中的時候幾乎難以忍受，差點要轉學，但我決定堅持下去，因為很快就要上高中，事情一定會好轉的，對吧？

　　或許吧。

　　有時人們不會來打擾我，其他時候我被傷得很重。我一直忍受小團體對我的攻擊和嘲諷，到我十六歲生日，我都在應付惡毒的流言，但最大的挑戰要算是科學課上坐在我旁邊的男孩。

　　他捉弄我的理由？

　　因為我坐校車。

　　這是迄今為止我被霸凌的最愚蠢理由。

　　但他無止盡地嘲諷我沒有自己的車，然後升級到我是一個什麼事都做錯的人，我真的被擊倒了。每天早上隨著校車到校，我的心也跟著下沉，因為我知道他會看

早上的配備

保溫杯裡某
種濃度的
咖啡
→

遮住我焦慮
的太陽眼鏡

大量生產的
學生背包
↓

← 裝滿我愛音樂
的CD機

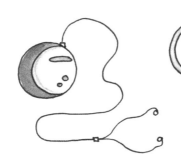

來吧，
霸凌！

到我。

我甚至要求老師的協助，但老師非常自命清高：「我不介入學生的問題，他可能只是喜歡妳。」在課堂上我無法逃脫被霸凌。

所以我只好盡量少坐校車，只要能擺脫他，我願意做任何事。

所以我開始騎自行車上學，不過這表示我必須早起踩上幾里路，在路口等待川流不息的車輛。

騎自行車的時候，我會戴上耳機，帶著一些挑選的Rush CD，讓我稍可忍受早上。隨著天氣變冷，我戴上圍巾，變換CD。如果天氣惡劣，迫使我必須搭乘校車，我會調高音量，堅定地走進學校，前進度過這一天。每當我進入科學教室，耳機都會大聲作響。

你知道嗎？

這樣做有效。

他沒來欺負我。

Rush的音樂真是了不起，讓我可以短暫逃離自己的世界，不再受到在學校失敗的折磨，從嘲諷中解脫，免於一切的不確定性。音樂籠罩著我，歌詞對著哀傷的十

幾歲的我訴說，更是對著其他我不知道有沒有的面向訴說。

我沒有真的和任何人談這件事。如果你開始談論不屬於你這個世代所聽的音樂，你馬上就會被綁到一把椅子上，被迫說出三張專輯名稱，10首艱澀難懂的歌，還有樂團成員的社會安全號碼。我對這個遊戲不感興趣，所以我保持祕密，不將喜歡Rush音樂的事告訴任何人。

我只想要過正常的日子，感覺自己屬於團體。不過也許由於我被霸凌，想要正常這件事變得很難。但或許是因為覺得這個樂團了解我，能夠作為歸屬感的替代品。

感覺被一個不認識你的人完全徹底了解，是一件非常強大的事。通常透過歌曲、書籍和電影的提醒，我們的感受是普遍性的，生命並不孤單。每個人都有可以深入自己靈魂的事物，能夠得到撫慰，在一切不順的時候將碎裂的自己撿拾起來。雖然距離遙遠，但能夠得到這樣的感覺，真是太神奇了。

人們喜歡聽見你努力前進的原因是家人、朋友和未來。但是，如果事情不順利，支持你的事物可能就不是

……不過我

喔喔……

Rush有堅強的歌迷基礎，許多人對於看過現場表演次數感到驕傲。

我一直都有兩個大問題。首先，沒人要跟我一起去。

要去看Rush嗎？

不要。

好吧，我不能自己去，所以我也不去。

後來，我的焦慮症變得很嚴重，就停止去看表演。

好大聲、好混亂，我覺得好可怕！

救命！

2015年Rush宣布最後的巡迴演唱，然後就結束了。當時我才度過兩年的憂鬱症，稍微可以正常運作。

還沒辦法應付這種活動。

一直以來我都埋怨自己錯過，從來沒有看過現場表演，這種悔恨啃噬著我。

但悔恨漸漸散去，因為沒去，我才能在那段脆弱時期，避免讓自己處於一個不必要的壓力情況下。

我應該忍住，但就是要去！

唉，為什麼我不去呢？！？

唉！

我照顧自己，讓自己變好。

這樣做真的很不錯。

起初做的幾件事如我所料，整天都擔驚受怕，覺得恐慌想吐，趕快吃抗焦慮藥，還有好多好多的恐懼……

我為什麼要這樣做？

我好悲慘！

這些悔恨在我心中點了一把火，我已厭倦不參與任何事，沒有任何體驗。我想要做事！

一直到我終於能樂在其中！

但我做的大小事越多，做事就變得越容易。

這部有趣，但是嘿，我到現在都還沒哭。

我很高興我們來了，我開心得要爆炸了！

因為我花了很多時間才真正能掌握焦慮症，就算我崩潰我也知道如何處理。雖然我很後悔沒有去看Rush現場表演，但我不後悔照顧自己。

如果Rush再度開始巡迴表演……

我們掌握了！

完全掌握！

應付技巧
大盒裝

Rush
緊急基金

我也已經準備好了！

那些人所期待的陽光和雛菊，而是在大事大計畫中無足輕重的小事。可能是一些實際上無法碰觸到的東西，像是電影、電視節目、書籍或音樂中的一個小段落，讓你感覺破碎的心得到療癒。

對我來說，就好像是聆聽〈The Pass〉連續一百次，感覺「轉身走在剃刀邊緣」是我的生命線。對你來說任何重要的事，都像你的療程或和朋友說話一樣重要，好像一條連著你與這個世界的隱形線。如果你找到任何能夠使你繼續前進的事，都應該要慶賀。因為你做的事越多，就有越多事可做。無論使你感動的片段是什麼，都是進步這個拼圖中的重要一塊。

雖然我錯過看Rush現場表演的機會，但我確實得到了一個與樂團相關的機會。有一部Rush最後一次巡迴演出的紀錄片，名為《時間暫停》（*Time Stand Still*），要在電影院上演一晚。我立即去買票，開始倒數計時第一次參加Rush相關的活動。

當那天到來，我很早就到現場，看見每個人都穿著Rush的衣服，非常驚訝。人群中有老有少，有男有女，每個人都像我一樣開心。

　　我聽著周圍的聲音，電影院裡面的人心情回應著我的感受，大家都覺得自己從來沒有歸屬感，而且這是他們自己的事。我甚至和坐在隔壁的一對夫妻說了一些話。當電影院開始變黑，觀眾歡呼起來。螢幕變亮，但不如我臉上的笑容一樣亮。

　　因為我覺得有了歸屬感。

14

　　如果你在成長過程中經常被霸凌，有時候真的很難忘記。至今我仍在努力面對嘲笑、戲弄和騷擾的後遺症。當人們傷害你很久，你想要進步，感覺變得很困

難。受到人們傷害那時候的你，還有現在的你，兩者的拉扯讓你不知該如何是好，特別是當兩者重疊時。有時人們並不了解霸凌的影響有多麼深遠，以為「霸凌」只是意味著「某人說過一次惡劣的話」，沒有包括霸凌所造成的實際傷害。我被霸凌所學到的事，以下快速介紹。

絕對不是你的錯。過去我想，我被霸凌都是我的錯。我戴眼鏡，看起來不酷，我喜歡怪異的東西。怪自己比較容易，而不是霸凌者，而且相信霸凌者說的都對，真的更容易。我會問我自己，我做了什麼讓他們這麼恨我？但我什麼也沒做。我只是存在。我不該被如此惡劣地對待。沒人應該這樣被對待！做你自己，喜歡你喜歡的東西，真是太美好。真是可悲，人們看不見這樣做的美好，它真的很美好。

影響你未來的人際關係。霸凌是一種社交團體事件，真的會影響我如何與人互動。如果有人對我很好，我會認為這是因為他們心裡藏動機，事實上他們是在戲

有時人們
不認為霸
凌有什麼
了不起。

像是，「喔，
過去發生過，
有人有一次說
過很惡劣的
話。」

但如果你經常成
為受害目標，你
的感覺就不會只
有這樣。

多年以後，你還是會
受到影響，承認這一
點並沒有錯。

並沒有什麼規
定說某時某刻你
必須要「克服」
它。

霸凌

暴風雨

無論過去發生
過什麼，你的
感覺都是真實
存在的。

你的進步是根
據你自己的時
間步調。

你懂的！

弄我，而且就算有人稍微揶揄我，開我玩笑，我馬上就會認為這是在針對我。多年來我經歷了人們表面上對我很好，但實際上卻在背後開我玩笑，一直到現在我都無法釋懷。把眼光放在我所有的正面人際關係，確實有很大的幫助。這些關係甚至不一定是傳統的，例如我和植物的關係就非常好，因為植物不會在我不在時罵我。如果你一直因為霸凌而有社交互動問題，沒關係，總有一天你能解脫。

「霸凌者通常也是被霸凌者」。當你還是個孩子的時候，你可能聽過一些大人說這句話，因為事情並沒有太糟，如今你長大了，應該能懂得同情那些傷害你的人，不可思議地生出理解和寬恕。不了解情況的局外人，喜歡自行解釋霸凌事件，這樣就不必處理實際的問題。畢竟原諒和寬恕很容易，對吧？雖然為別人著想是件好事，當你身處在一再受到傷害的情況下，你只在乎自己和自己的感受，這樣並沒有錯。等你準備好，寬恕自然來，但寬恕也不見得一定要來，一切取決於你，而不是別人。

脫離過去，不再聯絡。不要在網路上和那些人加朋友，不要讀他們的網頁、部落格、帳戶、分享訊息、他們的狗網頁等等。就算他們已經變好，也只是徒增過去記憶的傷害。越少，你對他們的注意越少，你會感覺越好。你會想要重新加入在線群體或偷看他們的照片，但這樣做只會開啟痛苦的循環。相信我。我曾經偷偷這麼做過，結果多年前的事情浮現，讓我變得非常焦慮，整個晚上都在哭泣。不值得這麼難過。

霸凌在生活所有層面中。即使成年以後，還是有很多喜歡打擊別人的人，不過通常會變得比較不明顯，例如挖苦的恭維、沒禮貌的評論和八卦。有些人就是喜歡傷害別人。而在網路社交媒體中，變得比從前更加惡毒。大家都會說「不要中計，那是釣魚」，但假裝沒受到某人傷害性的評論，真的不容易。有害的評論並沒有影響到你。承認你受到傷害，這樣並沒有錯。有時了解有些人很可怕，這樣也沒有錯！

事情真的會變得容易。當霸凌發生時，這種當下荒謬

的說法之一，對你並沒有任何意義，但後來你會覺得這是真的。從前我還小的時候，受到傷害，人們常常告訴我，以後有一天你會無所謂，霸凌也會停止。當時聽起來感覺就像是一個笑話，未來怎麼能幫助現在的我？支持我專心度過的是書籍、音樂和我所有的友誼，以及不停畫圖。但幫助我最重要的還是時間。時間和空間在我和傷害我的人之間，給予我繼續前進的能力。現在我在這裡，生活並不總是如我所想的。惡人依然存在，但我變得比較容易忽略他們。其他還算不錯的人，可以彌補這些惡人的存在。我有一群關係緊密的朋友，一份我所愛的工作，而且我不會每天去想傷害我的人。

我想，這就是進步。

霸凌！

我害怕自己說的每句話，做過的每件事，總覺得自己背後有個箭靶。

「他們作弄我，所以一定是因為我有什麼問題。」

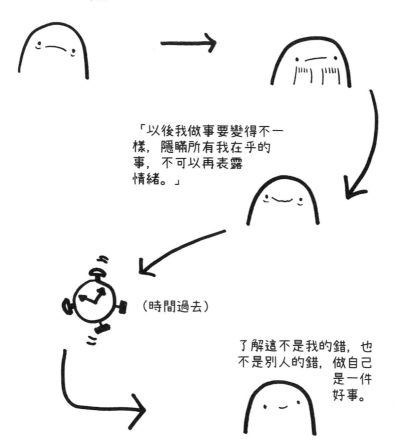

「以後我做事要變得不一樣，隱瞞所有我在乎的事，不可以再表露情緒。」

（時間過去）

了解這不是我的錯，也不是別人的錯，做自己是一件好事。

15

我認為縈繞在我腦海中最難以處理的感傷情懷是，我是一個正常人。我的大腦經常大吼大叫，說我是爛中之爛，我不斷用過去的人際互動和失敗來判斷自己。我需要身邊的人再三向我保證，我不是一個可怕的人；說

實話，這對所有相關的人都是很厭煩的。

　　我糾纏在我的想法中，我必須做一個好人。但是我的大腦為一個好人下了很多扭曲的定義，變成未決的爭議。一個好人絕不能說或想任何可能有攻擊性的事。一個好人一輩子分分秒秒都應該過得很好，永遠不讓任何人難過。一個好人絕不能做任何不好的事。雖然我的確擔心別人會怎麼看我，但是我所追逐的「好」標準並不合理，是由我的焦慮所製造的。

　　關於「好人」，並沒有什麼標準。這一方面令人沮喪（我要怎麼當好人？）一方面又很有幫助（好吧，我想我可以自己決定做好人）。事情是，我們經常過於擔心，甚至沒有注意到我們已經是好人了，而且我們每天的日常生活中都在主動做好事。你是否曾鼓勵過朋友？你想到某人，所以發了一個有趣的訊息過去？在人行道上撿垃圾？對一隻狗笑？這些行動都是正面的，很可能會讓某人（包括狗）開心。同時確保我們自己高興也很重要。照顧自己對於個人的幸福快樂是如此獨特而重要。記得要照顧自己也是件好事，因為我們照顧的人也希望我們高興。我們經常忘記別人看我們的眼光和我們

想要成為一種無可挑剔的
「完人」，往往會受到很大壓力。

好像有一張無形的表格，
上面列出人們對我的期
望。我不覺得能夠做到所
有要求。

那是因為這
種表格不切
實際。

但做一個人
有正確的
方式……

……就是
做你自己。

重要提醒
事　　　　項

大部分時間，憂鬱症感覺都很像世界末日，但它並不是世界末日，世界有很大部分根本沒有終結！

人們都很喜歡康復有時間表，事實上康復需要時間，而且這沒什麼！
變好需要時間和能量，你值得的。

改變需要時間，每次變好的微小改變，都是前進的一步。所有前進的一小步，集合起來就是一大步。當生命開始改變，你不見得會有所察覺。

因為你正忙著活在當下。

照顧自己可以變得很複雜，例如可能要達成一百個需求。

但其實照顧自己，是依照你想要的方式。
什麼事會讓你感覺很好？
那就是照顧自己！

你或許會覺得自己進退不得，會一直停留在這裡，永遠無法前進到未來。雖然時間過得很慢，但事情會改變的，或許並不完全照你所想，但一定會改變。

對自己好並不容易，可以從小事情開始做到。
如果你無法馬上做到也沒關係！你的任何部分，無論裡外都很好！

如果事情變得很糟，你無法百分百恢復日常生活，沒關係的。
有時最大的挑戰來自於小事，像是和別人說話，上超市買東西。你走在正確的軌道上，隨著時間過去，這些事會變得沒有那麼艱難。

你絕對是處理自己心理健康的冠軍！有時我們未曾察覺，每天起床處理這些問題多麼不容易，這樣做真的很了不起！

加油！

你很棒。我發誓。你花這麼多時間擔心社交互動，別人怎麼想自己，你所說的話是否關心別人？
如果你有關心，人們會發覺，所以你很棒！

「做你自己」許多人都會給這樣的建議，但實際做的人沒幾個。讓別人進入你的心並不容易，但我們可以開始和別人分享自己的一小部分，這樣比較容易，但當我們允許信任的人看清我們，我們會得到回報。

協助資源

 請記得：事無大小，問題不分
輕重，你都可尋求幫助！

美國+加拿大

國家自殺預防生命線　　　1-800-273-8255
　　　　　　　　　　　　suicidepreventionlifeline.org

特雷弗專案　　　　　　　1-866-488-7386
　　　　　　　　　　　　thetrevorproject.org

改變生命線　　　　　　　1-877-565-8860
　　　　　　　　　　　　translifeline.org

一半的我們　　　　　　　halfofus.com

英國+愛爾蘭

撒瑪利亞會　　　　　　　116 123
　　　　　　　　　　　　samaritans.org

心靈　　　　　　　　　　0300 123 3393
　　　　　　　　　　　　或發訊息 86463
　　　　　　　　　　　　mind.org.uk

清醒　　　　　　　　　　0300 304 7000
　　　　　　　　　　　　sane.org.uk

澳洲和紐西蘭

澳洲

生命線   13 11 14
                              Lifeline.org.au

超越憂鬱   1300 22 4636
                              beyondblue.org.au

紐西蘭

撒瑪利亞會   0800 726 666
                              samaritans.org.au

這裡列出協助資源的一小部
分，網路上還可以找到更多！

一天24小時，一週7
天，一年365年，全
世界都可尋求幫助。

你絕不孤單，你越
快尋求協助，越快
覺得會變好。

※台灣生命線請撥1995協助專線

看待自己的眼光不同。

　　因此，對於你自己，你所愛的人和事物，以及你所喜愛的無形事物，請感到驕傲。這些都很棒。善待他人，善待動物，也別忘了善待自己。世界需要充滿善意。你的生命永遠不會孤單，你的感受有世代互相呼應。你有影響，有聲音，你的聲音值得被聽見。或許困難會來臨，烏雲壟罩著你，但你總會設法撥雲見日，即使這是世界上最困難的事。就算你沒看見，但人們總能看見你的好。

　　但最重要的是，你很好。

　　我保證。

結語

撞入婚禮神壇的女孩

夜晚的涼風吹著我的頭髮，落到臉上，遮住我已經快看不見的眼睛。我緊張地把頭髮往耳後塞，努力把身體縮成一團。身邊的樹枝和葉子戳著我，模糊地看見我

的朋友凱蒂站在神壇上。這是她的婚禮。我的胃裡充滿焦慮，躲在矮樹叢中。我怎麼會在這裡？讓時間稍微往前迴轉。

　　婚禮對每個人來說都是傷透腦筋的，正式的穿著，與陌生人的交談以及跳舞。對於要去參加婚禮我感到緊張，因為會出現許多我很久沒見的高中同學，還有很多我不認識的人，以及其他合理的恐懼（如果我跳舞看起

來很蠢？），誘發焦慮症（如果我太可怕，沒有人想跟我說話？）。

　　但凱蒂和我從小就是朋友，我們在同一條街上長大，所以當她決定要在芝加哥布魯克菲爾德動物園結婚的時候，我當然要參加。

　　這只是一個晚上把我自己的焦慮擱置的問題，我必須認真專注，完成任務。

　　不幸的是，宇宙對我有其他計劃。芝加哥的交通稠密而擁擠，我發現我自己每遇到紅燈都發出詛咒的氣息。我遇到了意外的工程和繞道，證明古老的格言：「芝加哥只有兩個季節：冬季和工程季。」然後我驚嚇地發現，我不知道我要去哪裡。等我到達正確的停車場，坐電車穿過公園，然後開始走到婚禮現場，我已經遲到。我走得更快，朝著正確的方向急速前進，只聽見心跳加速……我意識到我聽見聲音。儀式已經開始了嗎？我很快地繞過彎道，但凱蒂和她的未婚夫科特，他們就在我面前，而我正面對著人群。

　　我走進了神壇。

　　所以我只好躲在矮樹叢中，從未曾像這樣難堪過。

我被賦予了一件大人的任務，要參加朋友的婚禮，表現自己，我卻堂堂地失敗了。此時我的焦慮跟著過度運作，讓我的大腦旋轉了起來，想著自己是多麼糟糕的一個朋友。

我躲在矮樹叢後面，一直等到儀式結束，然後試圖無縫融入人群。也許沒有人會注意到我事實上沒有參加婚禮。客人紛紛前往參與雞尾酒時間，我卻在北極熊區閒逛，凱蒂的母親走過來。當她問我覺得婚禮如何，我的心就沉下去。然後一切便發作了。

她只是說，「貝絲，冷靜下來。今天是為了凱蒂和科特。我們都希望凱蒂快樂，但如果妳跟她說妳怎樣遲到並錯過婚禮，會讓她很難過。放開胸懷，專注於享受美好時光。因為我們都是為了要享受美好時光而來到這裡的！」

凱蒂的媽媽絕對正確。這一天是為了慶祝凱蒂和科特，不是為了慶祝我的焦慮症。我可以為所有人做最好的事，就是盡情享受，即使這看起來是一項不朽的任務。

我將成為人們有史以來看過最棒的婚禮賓客。

你現在已經在這裡，冷靜下來，一起慶祝。如果凱蒂看見妳很難過，她也會很難過，我們大家都不想這樣，所以請妳好好享受！

　　晚餐時，我走出舒適圈，確定我和桌上每個人都說過話。我問了一些問題，也回答別人拋出的問題。交談接二連三發生，我繼續忽略那種婚禮遲到的低落情緒。我臉上帶著微笑，但一陣子後甚至感覺並不像在假裝，因為我真的很樂在其中。我的胃每隔 5 秒都不再翻騰。大家交談得很輕鬆愉快，每個人都覺得我的冷笑話很有趣。我在取得進展，而且也沒有人問我是否有看到婚禮進行儀式。

　　但要成為一名好賓客，我必須要跳舞。那週稍早我在凱蒂家裡，大家都取笑我的舞蹈，讓我有點尷尬。但是一個婚禮好賓客必須參與活動，跳舞肯定是重要事件。所以我把自己拖著走到地板上，試圖做一些愚蠢的動作。隨著歌曲變得越來越好聽，我很快就發現跳舞絲毫不費力。事實上，我真的很喜歡跳舞。我和身邊每個人一起跳舞、聊天，應和歌曲一起尖叫。一度只有我單獨在舞池裡動作可笑的跳舞，歌曲是阿哈（A-Ha）的〈接受我〉（Take on Me）。凱蒂的媽媽站在牆邊，她看見我開心地跳著舞，便朝我微笑。

　　夜晚最令人意想不到的事情發生了，凱蒂扔新娘捧

花的時間到了。傳統上，單身女孩要列成一隊，誰抓住拋來的花，誰就是下一個新娘。我參加過幾次婚禮，但從來沒有對這件事認真過。我們都被拖出去站在地板上，我也站在一群女孩中間。

花束飛向空中……

……我抓住了它。

這是一陣旋風；突然間，每個人從我身邊走開，我獨自站在舞池裡，燈光旋轉在我周圍，我捧著鮮花，人群尖叫歡呼著。我覺得好得意，凱蒂給了我一個大大的擁抱。攝影師拍下我們的照片，我低頭看著花。

當然，傳統並不意味著真實事物，對吧？

下一首歌比較慢，我捧著花站在門口。其中一個伴郎來邀請我跳舞。他身材高大，我沒那麼高，所以只能握住他大手的拇指。我想準時回家，告訴過去的我，終於晚上不再只是躲在被子下哭泣，感覺自己全身都被世界所吞噬。我曾經和男生在婚禮上跳舞。

夜色變深，離開的時候到了，我乘著電車穿梭在黑暗的動物園中。遠處傳來動物低沉的聲音，讓所有昏昏欲睡的婚宴賓客都清醒過來，我再度看了看手中的花

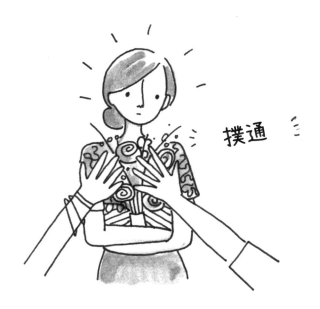

束。也許鮮花標誌著有一天我會在未來向某個人發出承諾，或是標誌著我會努力解決我的焦慮問題，因為那天晚上我取得長足的進步。

　　無論是哪一種，花朵聞起來新鮮甜蜜，帶著一絲絲未來的氣息。

致謝

我要感謝Liate Stehlik、Jennifer Hart、Cassie Jones、Susan Kosko、Leah Carlson-Stanisic、Jean Reina、Jeanie Lee、Molly Waxman、Julie Paulauski、Caitlin Garing，還有所有在William Morrow和 HarperCollins的每個人，幫助我將這本書從一個不可能實現的夢想變成現實。

另外，我想特別感謝我的編輯Emma Brodie，讀過我所有可怕的草稿，對我的愚蠢笑話大笑，送我浪漫愛情小說，在成書過程中成為我的朋友。言語永遠無法描述你的美好。

特別感謝Empire Literary 的Penny Moore和Andrea Barzvi，回答我所有的荒謬問題，看見所有我看不見自己的潛力，兩位是我遇過最好的人。我也想感謝Sandy Hodgman安排國外版權，特別為我上了納稅表格的速成

課，對我有無窮的耐心。

也很高興感謝Eli，我最好的朋友，有無限的熱情，閱讀我所有的漫畫，並建議我在她那邊感謝Danny DeVito。感謝Brittany和Krystal，讀過我所有的愚蠢訊息，並提供支持。伊麗莎白，來自奧地利的12點滿分朋友，還有Ruby，我的黑書（祕密伙伴），你們都是神奇的網路朋友。特別感謝我的治療師Cody，提供我洞察力，還讓我在椅子上踢掉鞋子。

我還要感謝媽媽和爸爸，謝謝你們讓我在你們家崩潰。

最後，感謝所有這幾年讀過我作品的人。持續的支持，鼓勵的留言，對我的漫畫感興趣，都令我開心不已。讀者們的情誼對我來說代表整個世界。感謝你們讓這本書成真，這是第一本我不需要手工製作的書。

半生不熟冏大人：就算崩潰厭世也無所謂的大人生活故事／貝絲‧伊凡斯 (Beth Evans) 作／鹿憶之譯 -- 初版 . --
臺北市：時報文化, 2019. 01
　　面；　　公分 . -- (人生顧問；347)
譯自：I REALLY DIDN'T THINK THIS THROUGH: TALES FROM MY SO-CALLED ADULT LIFE
ISBN 978-957-13-7659-2（平裝）
1. 自我實現 2. 生活指導
177.2　　　　　　　　　　　　　　　　　　　　　　　　　　　　　　107022159

ISBN 978-957-13-7659-2

Printed in Taiwan.

人生顧問 347
半生不熟冏大人：就算崩潰厭世也無所謂的大人生活故事
I REALLY DIDN'T THINK THIS THROUGH: TALES FROM MY SO-CALLED ADULT LIFE

作者　貝絲‧伊凡斯（Beth Evans）│ 主編　李筱婷│ 責任編輯　謝翠鈺│ 美術編輯　吳詩婷│ 行銷企劃
曾睦涵│ 發行人　趙政岷│ 出版者　時報文化出版企業股份有限公司　10803 台北市和平西路三段 240 號 7
樓　發行專線─(02)2306-6842　讀者服務專線─0800-231-705‧(02)2304-7103　讀者服務傳真─(02)2304-6858
郵撥─19344724 時報文化出版公司　信箱─台北郵政 79-99 信箱　時報悅讀網─http://www.readingtimes.com.
tw│ 法律顧問　理律法律事務所　陳長文律師、李念祖律師│ 印刷　盈昌印刷有限公司│ 初版一刷　2019
年 1 月 11 日│ 定價　新台幣 280 元│ 缺頁或破損的書，請寄回更換

時報文化出版公司成立於 1975 年，並於 1999 年股票上櫃公開發行，
於 2008 年脫離中時集團非屬旺中，以「尊重智慧與創意的文化事業」為信念。